XIANGCUNZHENXINGZHANLUE
CHONGGOUXINNONGYE

乡村振兴战略

重构新农业

重构适合中国国情的农业
“产融五阶”体系

巢洋　范凯业　王悦◎著

中国经济出版社
CHINA ECONOMIC PUBLISHING HOUSE
·北京·

图书在版编目（CIP）数据

乡村振兴战略：重构新农业／巢洋，范凯业，王悦著.
—北京：中国经济出版社，2019.1（2021.11 重印）
ISBN 978-7-5136-5470-8

Ⅰ.①乡… Ⅱ.①巢… ②范… ③王… Ⅲ.①农村经济发展—研究—中国 Ⅳ.①F323

中国版本图书馆 CIP 数据核字（2018）第 279981 号

责任编辑　赵立颖
责任印制　马小宾
封面设计　任燕飞设计工作室

出版发行　中国经济出版社
印 刷 者　北京艾普海德印刷有限公司
经 销 者　各地新华书店
开　　本　710mm×1000mm　1/16
印　　张　14.25
字　　数　189 千字
版　　次　2019 年 1 月第 1 版
印　　次　2021 年 11 月第 3 次
定　　价　59.00 元
广告经营许可证　京西工商广字第 8179 号

中国经济出版社　**网址** www.economyph.com　**社址** 北京市东城区安定门外大街 58 号　**邮编** 100011
本版图书如存在印装质量问题，请与本社销售中心联系调换（联系电话：010-57512564）

序言1

为中国的三农继续探索和实践

陈章良　生命科学家，原中国农业大学校长、
广西壮族自治区主管农业的政府副主席

“三农”在中国已经有几千年的发展历史，也是我这个从福建乡土走出来的小男孩一直关注的话题。小时候在农村里的劳作仍旧历历在目，后来读书求学海外，28 岁任北大教授，曾任北大生命科学院院长、北大副校长，后任中国农业大学校长；后来又到地方，任广西壮族自治区主管农业的政府副主席多年，对中国的农村、农民、农业有过大量的调研和亲历亲为，因此有着深厚的三农理论与实践基础；也曾任全国人大代表、常委及全国政协常委，多次参加三农的决策和研讨会议；还曾任中国农学会副会长，现任中国林学会副会长，因此深知三农的不易。

机缘巧合，有朋友向我推荐了这本关于农业产融的书，读完书稿后，深得我的欣赏，该书围绕中国国情提出的“产融五阶”农业模式，其中有几个亮点：

一是，突出了科技与农业的关系，提倡以各种科技手段获得并利用农业的大数据，基于数据进行农产品的标准化和农业的产业化，让物联

网、大数据、区块链、AI等科技成为农业的助力；

二是，突出了金融与农业的关系，没有依赖传统的农业金融，而是在标准化的基础上，利用产业链的交易结构、农业的大数据和交易中心的合约、仓单等实现农业的供应链金融和产业金融，从而提供有效的资金渠道和金融支撑；

三是，突出了交易中心在农业的核心位置，一改传统的农批渠道模式，通过交易中心的分级分拣实现农产品的标准化交易，基于大数据和区块链等创新技术实现农产品的数字资产以及绿色数字资产交易，让农民可以实现农产品预售和订单合约的金融收益；

四是，突出了资本与农业的关系，围绕资本市场最青睐的二产加工业展开，突出深加工和食品加工带动一产和三产，通过打造上市公司架构的农业公司来实现农业的产业化。

这几个亮点与我以前的思考非常接近，所以我愿意推荐该书给关心三农的读者们，一起来探索和实践中国的三农。

但中国的农业发展之路还很远，还要不断地探索和实践，我希望所有热心农业产业的有情怀的人，可以继续对几个关键问题进行深入的思考：土地规模化和集约化如何深化和推动？农村集体用地如何有效的为农民带来利益？农民的宅基地如何成为农民真正有价值和可流通的资产？这些问题将是中国农业改革需要不断深入探索的。

我非常期待有志之士和有情怀的人来真正做农业，真正做对农村和农民有意义的实践，让中国的乡土和村落生活变得更美好。我愿用好友海子的一句诗来祝福关心农业的读者朋友们：

“从明天起，做一个幸福的人

喂马、劈柴，周游世界

从明天起，关心粮食和蔬菜

我有一所房子，面朝大海，春暖花开”

序言2

现代农业的第三条道路——中国农业的现状和未来

张红宇　清华大学中国农村研究院副院长

改革开放四十年来，中国农业发展取得了举世瞩目的辉煌成就，不仅解决了中国人的吃饭问题，而且支撑中国成为世界第二经济大国、第一贸易大国和第一工业品制造大国。但中国农业大而不强的问题仍然突出，挑战性问题不少。在中国特色社会主义进入新时代，农业农村发展步入新的历史阶段的背景下，需要坚定信心，迎接挑战，牢牢把握乡村振兴的时代使命，走出具有中国特色的现代农业发展第三条道路。

一、中国农业的发展成就及动力支撑

农村改革极大地解放了生产力，主要农产品产量快速增长，中国人彻底告别了长期以来的温饱不足状态，农产品供给实现了从总量不足到阶段性过剩的重大转折。四十年来，中国农业国内生产总值年均增长4.6%，粮食、肉类、水产品总产量世界第一，人均占有量远超世界平均水平。2017年，我国粮食总产量6.18亿吨，人均占有量445公斤，高于世界平均水平的95公斤；肉类总产量8588万吨，人均占有量62

公斤，高于世界平均水平的18公斤；水产品总量6953万吨，人均占有量50公斤，高于世界平均水平的28公斤。中国以占全球10%的耕地和6%的水资源，养活了全球20%的人口，提供了占全球25%的重要农产品总量，在全球范围内创造了农业增长奇迹。

从改革开放四十年的经验看，中国农业发展的奇迹主要得益于制度创新、科技进步以及政策投入。

一是制度创新激发内生动力。中国农业发展进程中最重要的制度创新就是土地制度和经营制度的创新。改革开放肇始于农村改革，农村改革的主线就是处理好农民和土地的关系。从改革开放前的人民公社制度，到改革开放实现家庭联产承包责任制，再到新时代农村土地所有权、承包权、经营权“三权分置”，中国的土地制度经历了公有公营、公有私营和公有共享三个阶段，实现了由公平到效率、由封闭到开放的转变，显示了持久的制度活力和显著的制度绩效。与之相适应的，中国的经营制度不断进行创新发展，逐步构建了以家庭经营为基础、合作与联合为纽带、社会化服务为支撑的立体式复合性现代农业经营体系，多元、融合、共享特征极大地丰富了经营制度创新的内涵，激发了农村各类经营主体的活力，形成了农业发展的强劲内生动力。

二是科技进步形成强力支撑。中国的农业科技投入迅速增长，从1978年的7.2亿元增加到2000年的50亿元，并迅速提高到2015年的550多亿元。农业科技进步明显加快，生物育种、转基因新品种培育、重大动植物疫病流行规律和防控、农业遥感和信息化等领域不断取得突破，旱作节水、测土配方施肥、统防统治等先进适用农业技术大范围推广，2017年中国农业科技进步贡献率达到57.5%，较2005年增长9.5个百分点，主要农作物良种覆盖率稳定在96%以上。物质装备技术水平显著提高，2017年耕地灌溉面积10.2亿亩，1978年以来年均增长超过1%；农业机械综合应用率达到67%。科技进步对中国农业发展形成了强有力的支撑。

三是政策投入给予外部支持。新世纪以来，中国逐步建立起一套涵盖了财政、金融、保险等方面政策的农业支持保护制度，对农业的支持手段不断在优化调整。财政支农投入逐年增加，2012年四大农业补贴（粮食直补、良种补贴、农资综合补贴、农机补贴）近1700亿元。近年来，国家将农资综合补贴的80%与粮食直补和良种补贴合并，创设了耕地地力保护补贴。金融支持力度全面提升，涉农贷款余额从2007年末的6.1万亿元，增加至2017年底的30.95万亿元。农业保险覆盖面不断扩大，截至2017年底农业保险保费收入达到417亿元，提供的风险保障金额达到2.79万亿元，分别比10年前增长了7倍和20倍；保险对玉米、水稻、小麦3大粮食作物的覆盖率超过70%，2018年水稻、玉米、小麦三大粮食作物制种，纳入中央财政农业保险保费补贴目录。政策支撑对促进中国现代农业发展发挥了很好的导向作用。

二、中国农业发展面临的形势和挑战

中国农业发展四十年的成就巨大，但这绝不意味着我们可以高枕无忧。纵观世界各国，没有哪个国家的农业像中国农业肩负着巨大的责任。一要保证有饭吃。解决十几亿人的吃饭问题，始终是中国农业发展的首要任务，也是对全球解决饥饿问题最大的贡献。吃饭事关生存大计，不仅要吃得饱，还要吃得好、吃得健康。二要保证有活干。中国即便是城镇化率达到70%，还将有数亿人口留在农村、从事农业，农业的就业蓄水池作用在当前乃至今后很长一段时间都至关重要，农业发展效率优先的前提仍是兼顾公平。三要满足人民日益增长的美好生活需要。人民对美好生活的向往对于农业而言就是多元化、差异化、个性化、绿色化的产品供给，不仅包括粮油、果蔬、畜禽等有形的物质产品，也包括观光旅游休闲、生态环境、文化传承等非物质产品。农业必须由农林牧渔平面农业向山水林湖立体农业拓展，由有形有界的形态向无形无边的形态扩张，由生产型向生态型伸延，决定了中国农业既有无限的发展要求，也意味着中国农业始终面临巨大的挑战。

从国内看，农业仍是“四化”同步的短腿。农业占GDP比重持续下降，第一产业占比由1978年的28.2%下降到2017年的7.9%。劳动力就业结构不断优化，第一产业劳动力占比由1978年的70.5%下降到2017年的27%。农业劳动生产率不断提升，三次产业的劳动生产率由1978年的1∶7∶5调整为2017年的1∶4.5∶3.8；但相对于二、三产业，农业劳动生产效率仍然偏低，第一产业的劳动生产率是第二产业的22%、第三产业的26%，农业发展仍滞后于非农产业发展。与此同时，农业发展的产业内外部环境也发生着深刻变化。一方面，当前农业的主要矛盾已经由总量不足转为结构性矛盾，直接表现在耗费大量资源生产出来的一般产品卖不出去，效益下降，而消费者亟需的优质绿色安全农产品供给不足，矛盾的主要方面在供给侧。另一方面，城镇化和工业化快速推进对耕地、水等农业资源形成竞争性挤占，农业的资源环境约束日益加剧，农业面临发展空间被压缩的危险。

从国际看，中国农业在全球竞争中仍居弱势。发达国家农业无不表现出强势产业特征。美国是世界第一农产品出口大国，2017年农产品出口1405亿美元，比上年增加近109亿美元，创下历史第三高点。全球农产品出口中，39%的大豆、36%的玉米、32%的棉花是美国供给的。荷兰1600万人口，一直保持全球第二大农产品出口国地位，2017年农产品出口额达到917亿欧元，创历史最高纪录。中国农业尽管产出了全球最多的粮食、肉类和水产品，是全球农产品生产大国和最大的农产品进出口贸易国之一。但在全球农业竞争中，中国农业大而不强特征十分明显。近年来，我国大宗农产品国内价格全面超过国际价格，农产品进口的种类、数量持续增加，农产品对外依存度达30%。2017年中国农产品进出口贸易总量2014亿美元，但出口仅为755亿美元，进口为1259亿美元，逆差达504亿美元；大豆进口高达9552.6万吨。其中，美国对中国出口农产品贸易额为241亿美元，中国对美国出口额为77亿美元，逆差为164亿美元。

发展目标多元，发展任务艰巨，发展形势严峻，这是当前和今后一段时间中国农业发展面临的现实问题。内外都有不少困难和挑战，实现现代农业可持续发展，需要创新思路和强化顶层设计。

三、走现代农业发展的第三条道路

新时代中国农业发展已经进入了新的历史阶段，加快推进中国农业现代化，既是全面建成小康社会、实现建设富强民主文明和谐美丽中国的强国目标的重要基础，也是在全球农业竞争中提升中国农业竞争力、实现由农业大国向农业强国跨越的必然要求。在实施乡村振兴战略的背景下，中国农业必须立足中国供给解决中国需求，立足中国资源解决中国问题，因地制宜走出一条具有中国特色的现代农业发展道路。

迄今为止，全球现代农业的发展，为我们提供了两条道路：一条是以美国为代表的发展道路。这类国家耕地资源丰富、劳动力相对短缺、工业技术先进，凭借雄厚的工业基础，优先发展农用机械工业，侧重于提高劳动生产率。在大豆、玉米、棉花等资源性农产品生产方面具有全球竞争力。另一条是以日本为代表的发展道路。这类国家土地资源稀缺、劳动力资源丰富，通过密集投入资本、技术和劳动力资源，力求克服土地资源瓶颈制约，侧重追求提高土地产出率。在劳动密集型、技术密集型、资本密集型农产品生产方面具有足够影响力。

相比之下，中国农业资源禀赋尽管从总体上看人多地少水缺，但地域广大，不同区域自然资源禀赋、经济社会发展水平差异较大，具有鲜明的多元化特征。由此决定了中国现代农业发展不能生搬硬套美国、日本等国家的发展模式，必须在全球范围内走出一条独具特色的、以多元化为特征的发展道路，这种多元化的道路特征有丰富的内涵特征。

一是资源禀赋多元。与美国的平原农业、以色列的旱作农业、荷兰的设施农业等特征鲜明的农业模式相比，中国农业的最大特征就是多元化。东北地区人少地多，适合发展大规模粮食生产；西北地区水资源相对缺乏，适合发展旱作农业生产；东部、中部地区农业资源多样，劳动力、技术资源具有优势，适合发展多样化农业和都市农业；西南地区地少水丰，丘陵、山区并存，适合发展特色农业。资源禀赋的多元决定了产业发展类型的多元，要立足于不同的资源禀赋和农业生产条件，发挥不同区域农业比较优势，因地制宜确定农业产业发展方向。

二是产业形态多元。从传统农业角度来看，我国农林牧渔产业门类齐全，可以提供全球最多的农业产业类型和农产品种类，满足城乡居民多样化农产品需求。从新产业新业态角度来看，观光农业、体验农业、功能农业等各类新兴业态蓬勃发展，更加丰富了中国农业产业的类型类别。2017 年，我国观光旅游收入已达到 7400 亿元。农产品电商领域 2017 年增加值达 1.25 万亿元，吸纳了 3500 多万劳动力就业。农业生产性服务业越来越成为重要产业。产业的多元孕育了中国农业深厚的潜在竞争力，而新产业新业态更进一步拓展了产业发展的边界、厚植产业发展的基础。要着眼于提升中国农业竞争力这一核心目标，大力培育发展多元化产业，为农民提供广阔的就业机会和增收空间。

三是经营主体多元。中国地区间经济社会发展的不平衡、农业资源禀赋的不均衡配置，决定了经营主体的多元化。主体多元是中国农业向现代农业演进的必然现象。一方面，大国小农是中国的基本国情农情，普通农户多达2.6亿。另一方面，新型经营主体蓬勃发展，目前家庭农场、农民合作社、农业产业化企业等各类新型经营主体达300万家，还包括黑龙江农垦等国有性质经营主体，以及广泛存在于大城市郊区、东部地区的集体性质经营主体。这些主体所有制构成多元、组织形式多元、利益联系机制多元，不同的新型农业经营主体在现代农业不同环节、不同层面创造并扮演着不同角色，共同构建了多元化农业经营体系。同时，主体多元意味着在农业分工分业、专业化、规模化经营方面有充分的资源配置潜力，各类专业人才有巨大的成长空间。要注意根据各地实际和不同农产品生产特点，发挥各类主体差异化的功能定位和作用，激活农业发展所需各种资源要素。

四是贸易格局多元。全球农业一体化的深入推进正在重塑世界贸易格局。当前，中国已经与100多个国家和地区建立了贸易往来关系，并不断扩大对外开放与合作力度。我国资源密集型农产品对外依存度不断攀升，如何巩固和提升国内供给能力、拓展多元化进口渠道、保障国家粮食安全需要长远谋划和统筹考虑。同时，中国在劳动密集型、技术密集型、资本密集型农产品等方面具有的比较优势，在满足国内消费需求的同时，推动中国农业资源、技术、产品和服务走出去。要统筹利用好国际国内两个市场两种资源，加快构建多元化贸易格局，既要主动扩大紧缺农产品的进口，也要打开大门，加快推进全球农业一体化，打造具有竞争力的大国强势农业。

五是政策组合多元。适应新时期需要，中国农业支持保护政策加快调整优化完善，政策精准性、指向性不断增强，通过多元化政策组合、靶向定位、精准施策，持续促进农业竞争力提升。在补贴政策上坚持绿色发展导向，由支持产业发展向生态补偿拓展，由直接生产补贴逐步转向生态环境补贴。在金融政策上注重产品创新，适应农业农村发展需要，加快推进金融产品、机构、服务改革，满足多元化主体的金融需求。在保险政策上推进扩面、增品、提标，创设更多险种，覆盖更多农业产业、主体和品种，从保成本向保收益、保不完全成本到保完全成本转变，更好地发挥保险保障功能。同时，鼓励各地创新农业政策工具，提升政策组合效应，强化政策对产业发展方向的引导。

四、坚持正确的发展方向

在“四化”同步发展、扩大对外开放的时代背景之下，循序渐进、健康有序地推进中国现代农业多元化发展道路，在全球范围内确立第三条道路范例，必须坚持三个基本方向。

一是确保国家粮食安全。从农业产业发展要求看，粮食是大国重器，中国人必须牢牢把饭碗端在自己手里。不管现代农业发展到什么程度，中国农业最直接最现实的问题始终是保障粮食安全，重中之重是保障口粮、生猪等重要农产品稳定供给。口粮安全是吃饱的基本保障，生猪安全是为了解决吃好问题，这是关系国民营养健康水平、促进乡村产业振兴的重要支撑，同样不容有失。尽管近年来粮食连年丰产，从长远看中国粮食产需仍然是紧平衡，特别是当前贸易形势复杂变化，重农抓粮显得尤为重要，必须始终绷紧粮食安全这根弦，这方面绝对不容许有丝毫闪失。

二是加快城镇化进程。从农业发展外部环境看，工业化、城镇化、信息化和农业现代化要协调发展，同步推进。当前，农业劳动生产率年均增幅超过10%。第一产业劳动生产效率提升速度虽然高于第二、第三产业，但现阶段劳动力就业结构与国民经济产业结构的失衡，又表明仍有减少务农劳动力、继续提升第一产业劳动生产效率的巨大空间。要继续分工分业，力争农业就业劳动力2025年降至20%，2035年降至10%。按照这个推进速度，当农业劳动力下降至5%时，农业面临的问题将迎刃而解，这也与新中国成立100周年时建成富强民主文明和谐的社会主义国家的时间节点相吻合。因此，要坚定不移地推进工业化、城镇化，推动劳动力由低生产率部门向高生产率部门转移，绝对不能让中美贸易摩擦等外部压力阻碍中国向现代化迈进的步伐。

三是持续扩大开放。从全球农业一体化进程看，坚持对外开放是中国的基本国策。要坚持“引进来”与“走出去”并重，构建高水平开放型农业经济结构，在守住底线的前提下，积极参与全球农业分工，在全球范围内优化农业资源资源配置。加强农业对外合作，深入推动“一带一路”农业合作、全球农业南南合作，培育一批国际大粮商，将中国农业发展的成果更多地惠及世界其他国家，形成全球农业发展共同体。

多元化构成了中国现代农业最显著特征，也为全球农业发展提供了美国、日本道路之外的第三条道路。在全球农业一体化和实施乡村振兴战略的大背景下，要着眼深化农业供给侧结构性改革的要求，坚持发挥市场在配置资源中的决定性作用，更好地发挥政府作用，走好具有中国特色的现代农业发展第三条道路，坚定不移地推进农业农村现代化。

序言3

为现代农业播撒智慧的“种子”

杨仁贵　京蓝科技股份有限公司董事长

仍然有人经常问及，中国农业与国外尤其是美国农业的差距，现在的答案已与十年前的差距不同。过去，差距是“小米加步枪”之于“飞机坦克大炮”，原始社会与现代工业的差距；差距的核心还是体现在规模化和科技水平上，现在，这种差距——更准确地说，应该是“差别”——逐渐变成利用各自优势，发展出了不同走向：市场是足够包容的，不同的发展方向与侧重点才让发展有了实际意义，中国农业发展面临的“科技”“数据”“金融”“创新”，正是我们的农业拥有自己发展走向的标致。

千禧年以来，中国互联网行业发展一片蓝海，助力 BAT 巨头诞生，倒逼了传统行业向产业化、智能化方向发展，现代农业也不例外。农业智能化、数字化已经逐渐成为主流发展方向，规模化、标准化、可持续化的农业发展走向，在互联网的推动中，如何使从业者既摸清现代农业国情，又可以找到新技术、新模式与之可行的契合点，如何实现农业增效、农民增收、农村发展，达到乡村振兴，是非常值得探讨的问题。

2014年起，我们带了一个团队，希望将现代农业与物联网、大数据、云计算结合起来，并做了一些努力，取得了一些成果。我们通过布置水肥一体化设备、土壤湿度和肥效检测传感器、田间气象站、环境监测系统、生产资源控制设备，实时掌控农业生产和经济作物成长过程的所有要素情况，并将采集的环境信息、农作物生命信息、水肥信息、气象信息、农作物生产信息等数据传输到物联网平台，平台基于回传的数据利用人工智能技术、数据挖掘、作物本体等算法、模型对作物进行动态分析，形成覆盖“前期预测”“中期控制”“后期处理”的定制化作物种植方案，指导现代化农业的高效生产。这也是京蓝云智为只看“温度计和湿度计”的传统农业向数据化转型，充分利用物联网、大数据、云计算等相关技术，打造智慧农业全新商业模式所做的探索。

在现代农业的整条生产链上，简言之“生产—产品—服务—金融”，各个环节都经历了较长而低质的发展，我们还处在前端对生产要素的整合提升阶段，未来将会出现嫁接“大数据”与“金融”等手段的不断创新，可想而知我们的现代农业发展前景是多么客观！而客观上，由于信息不对称，我们很容易对自身所处的产业链位置一知半解，对上下游发展态势知之甚少，难以跳出来，纵观全局，我们需要对“重构新农业”有个全面而系统的了解。

产融课题组能够时刻关注着行业发展动态，塌下心来实地走访考察中国各省（区、市）现代农业的发展模式，调研一手信息资源，分析现在产业链各端兴起的商业模式利与弊、探讨未来发展方向，并将成果分享于众，着实令人佩服！农业的发展是中国的国策和首要战略，每年的中央一号文件专题都是农业问题，农业的规模化必须以科技农业作为主导，因此，作为科技农业的践行者，我们希望本书可以让更多的目光关注现代农业，可以有更多的新技术、新点子为现代农业播撒智慧的“种子”！

前言

认识新农业

2014 年，我们产融课题组飞抵云南，开始了对云南的第一批七个农村电子商务示范县的专家走访考察。专家们大都从事产业链升级和金融领域的工作，获得这样一个机会能扎进三农领域，甚至一扎就是三四年，走访各地的风土人情和农业发展状况，这让我们倍感珍惜。

之后借财政农业配套项目开展的契机，产融课题组又一路调研了全国的典型种植区域，从北方的黑龙江、内蒙古到中原的山东、河北和河南，再到华中的湖北等地，最后到云南、贵州等地，历时大半年，跨越七八个省区和几十个县市。这一路，我们走访了从县到乡镇再到村，从农资经销商、乡镇代理到仓库以及村子的销售服务点等大小地方，从农业作物（如玉米、水稻、马铃薯）到经济作物（如蔬菜、水果）等各类农作物。在这期间，我们近距离调研了农业合作社、农机公司、农化服务、小贷公司等，全面接触和认识了农村农业，养成了实地调研行走农村、思考农业的习惯。

通过行走在农村的田间乡野，产融课题组在三农领域与不同的农业相关公司和金融机构保持了合作，一起实践和推广各类项目，做了大量农业产业金融领域的发展尝试，包括：

1. 为农民购买农资并提供供应链金融的贷款服务。

2. 进行农产品品控和分级标准的尝试，解决农产品非标准化的问题。

3. 创新农村的电子商务模式和线下农批市场的升级实践，把电子交易和标准化逐步落地。

4. 进行金融服务的产品设计和落地实践，尝试为农民或农企提供差异化利率的金融服务。

5. 做了农业大数据的模型设计，开始利用各种技术和渠道来采集农业数据。

实践的过程中不断迭代和试错，目前我们落地的重点是原产地的农产品区块链、电子交易中心和金融服务相关的项目。

产融课题组在国内乡村行走实践的同时，也在对比研究国外的农业模式，各国的农业模式因地制宜，各具特色，具体比较见下表。

表　各国农业模式比较

地区	经营主体	主要模式	核心特点	规模水平
美国	家庭农场	高度商业化、资金和技术密集型，产销综合体的订单农业	机械化、专业化程度高，农产品加工体系强大	全球最大的农产品出口国
荷兰	家族产业	在土地不足的基础上突出农业的集约化、规模化和专业化，以畜牧业和园艺业为主	资金密集型的技术创新，出口型农业	全球主要的农产品出口国
以色列	集体农场和合作社	基于水资源和耕地资源的匮乏之上的高度集约化的农业生产	研发密集型的创新体系	节水技术、温室技术和种业位居全球第一

续表

地区	经营主体	主要模式	核心特点	规模水平
日本	农户和农协	产业化程度高，模式创新高，如六次产业、地产地销、农协组织、一村一品等	精密设施农业，高补助与保护产业	主打品质的食品食材出口
韩国	家庭农场	小规模的家庭农场经营，新村运动建设	核心是农产品提价、高额农业补贴	以进口为主
新西兰	家庭农场	典型的家庭农场经营，农牧业高度发达	机械化、集约化程度高	牛羊肉、乳制品和水果是主要的出口农产品

通过对比，我们深刻地体会到：盲目学习国外是不可取的，各国的土地和农民的实际情况都不同，农业的发展方向也不一样。即使是比较接近的日本、韩国农业模式，也不一定完全适合中国的“三农”的发展。所以，眼下我们最关键是找出符合自身特色的农业模式。

回顾中国这几十年的农业发展，我们会发现农村的发展模式还有待创新突破，以下种种现象在部分农村非常常见：

1. 土地。大量的农村土地被征用进行城市建设和发展工业经济，农民并没有获得与城市居民拆迁同等的巨额补偿，只获得了部分土地和青苗补偿，资金有限，不能投入农业产业升级。

2. 人才。城市的建设和经济的发展不仅征用了农村的大量土地，也“征用”了大量人才。农村的年轻人，一部分通过读书求学留在城市工作，一部分通过进城务工成为城市建设者或服务者，一些农村现在只有老幼妇孺，没有产业升级所需要的人才和劳动力。

3. 教育和医疗。大部分教育资源和医疗资源集中在大城市，农村的农民比起城市居民，不容易享受到全面的教育和医疗的投入建设成果。

4. 社保。目前的社保体系下，接近十亿的农民没有被纳入其中，而近几年推行的大农合比起城市居民的最低保障线差得很远，这也使得农民很难毫无保留地投入农业产业升级中。

5. 税收。农村取消农业税没多少年，但城市的税收红利并没有投入农业产业。

6. 粮食价格。几十年间，工业消费品和生活用品的价格已经翻了很多倍，而农产品和粮食的价格却没有什么增长，甚至出现不断波动和下降的趋势，农民享受不到经济快速增长可以带来的农产品价格红利，从而导致农民的积极性受挫。

7. 渠道。传统的农贸市场和批发市场仍然存在多层次的利益盘剥，农民是其中信息极度不对称的弱势生产者，当地政府以 GDP 为考核的模式更多关心工业服务业和土地开发，无暇顾及农业的产业升级。

8. 金融。农业银行 99% 的业务是城市业务，农信社的助农贷款需要农民抵押、担保或者联保，但农民基本上没有适合的抵押物。农业银行和农村信用社等金融机构吸收农民的储蓄后，并未反哺到农村业务上。

这些现象表明，我们的农业要发展壮大、农民要全部脱贫实现小康，需要付出更大的努力！

2018 年 12 月

目录
CONTENTS

第一章

CHAPTER ONE

现 状

无论是从国家政策导向，还是从市场机会点来看，农村市场无疑将是接下来几年中最重要的市场。农业市场的现状对开辟新型的农业经济意义重大，了解国家对农业的补贴政策，以互联网为依托的农业在惠及民众的同时，又会有哪些新的市场可以开拓?

第一节　农业农村领域相关政策

在农业方面，国家的策略是“**一控二减三基本**”。一控是控水，二减是减少化肥减少农药使用，三基本是基本解决地膜、畜禽粪便、秸秆；而做农业，必须关注两件事：农业补贴和扶贫补贴。说到农业补贴，农业部有专门的补贴处。事实上，农业补贴的效率一直很低，而且也不透明；本来是侧重于生产者—贸易商—消费者链条中的大户，但是补贴往往到不了真正的生产者手中；各地的农业厅申报补贴的模式可能会改变。

历数国家对农业的**五大政策：产权政策、经营制度、国家支持政策、城乡一体、乡村治理**；国家支持政策在 3～5 年内主要围绕财政、农村金融、农村保险、补贴、租赁等方面。而围绕供给侧改革，主要是涉及供给方的资源管理，一个是利益共享，能够让农民享受到增量、股权、补贴；第二个是价格保护，通过自建和整合的仓储物流实现一定程度的价格保护；第三是金融支持。

围绕土地产权方面，流转是好事，但是流转方式不一定合理，因为盲目的流转会使农民的收益下降或者摊薄收益，采用托管、入股等方式，让农户有效率高、收益高的选择，而且是在自愿、有偿、合法的基础上。有些地方政府意识不到，甚至有些地方利用热钱资本开始到处租地，如个别地方拿自己的产业链进入化肥农药领域大搞几年就撤，留下烂摊子，阻碍了农业土地产权的合理运作。

对于农民，最有利的收入是四级**多层次收入**：一是经营性收入，如自营或者租金；二是工资性收入，职业农民打工的工资；三是财产，以财产或者土地承包权入股的股权收入；四是转移性收入，补贴资金或者扶贫款。

从全国区域看，上海已经在进行**集体产权**的试点，并以三权分置为基础；江浙一带，在尝试**新的农业经营制度和新的经营主体**，这与江浙发达经济是分不开的，而另一个特例是东北，因为土地面积的特点，在尝试新的农业经营制度和新的经营主体；广西云南一带因为土地未开发经济欠发达，也在尝试在产业和机制上的改变。

与农业政策相关的部门，有中农办（中国农村发展研究办公室）、农业部政策法规司和国务院的农村办；研究方面，有国务院发展研究中心的农村经济研究部、社科院的农村发展研究所和人民大学的农业产业发展研究所，等等。

国家政策里的农业产业链，基础有三个：自有基地、示范园和仓储物流。对于不同的模式，大田作物强调的是加大社会化服务，比如土地种植管理公司要求全面机械化；果蔬强调专业合作社，进行统一品种统一施肥施药统一采收销售；养殖则强调龙头企业，通过龙头企业带动养殖户，因为只有龙头企业才有规模效应和风险抵抗能力。最近政策力推的田园综合体示范园和农业产业融合示范园，将是农业一二三产融合发展的主要方向。

十九大报告中提出了“乡村振兴战略”，这是党中央着眼“两个一百年”奋斗目标导向和农业农村短腿短板的问题导向做出的战略安排。乡村振兴不但是经济的振兴，而且是生态的振兴、社会的振兴，文化、教育、科技、生活振兴以及农民素质的提升；要深入农村各项改革，比如深化农村土地制度改革，完善承包地三权分置制度，第二轮土地承包到期后再延长三十年；促进农村一二三产业融合发展，加快农业转移人口市民化，促进农民工在城镇落户。

中央农村工作会议上提出了实施乡村振兴战略的目标任务和基本原则，实施乡村振兴战略的目标任务是：2020 年，乡村振兴取得重要进展，制度框架和政策体系基本形成；2035 年，乡村振兴取得决定性进展，农业农村现代化基本实现；到 2050 年，乡村全面振兴，农业强、农村美、农民富全面实现。实施乡村振兴战略，要坚持党管农村工作，坚持农业农村优先发展，坚持农民主体地位，坚持乡村全面振兴，坚持城乡融合发展，坚持人与自然和谐共生，坚持因地制宜、循序渐进。

2018 年的十三届人大会议上政府工作报告针对三农提出：大力实施乡村振兴战略，推进农业供给侧结构性改革，全面深化农村改革，推动农村各项事业全面发展。涉及三农的还有：加大精准脱贫力度，提高新兴城镇化质量，着力促进就业创业，发展公平而有质量的教育，实施健康中国战略。

第二节 农业和农村市场的发展

当今大部分农村主要收入来源已经不是依靠种地，而是以务工收入为主。收入低下、土地闲置或者集约化导致的农村剩余劳动力，未来的方向不是进城而是回乡。城市的失业率已经很高了，国家还在鼓励大学生双创，剩余劳动力的核心方向是就地发展解决，扩大农业本地化的二、三产发展，比如农产品加工、配套产业、农业服务等区域性产业。

农村的改变离不开基础建设，修路，修学校，建医院，设立保障体系，引入更健康积极的文化娱乐生活，引入新知识新人才；建立与农村电子商务之相关的物流配送基础、农机农技服务体系、产销交易中心、农村金融服务等。

农村市场的农产品大多都是随行就市。比如，卖不出去的菠萝，一旦有人帮忙传播运作、市场好起来了，马上涨价毁掉之前的约定或者合作。而这种“农民”文化和意识又如何能够做好农村电子商务呢？我们来进一步分析这种追求短期利益、没有违约成本的农民市场文化。

1. 土地性质的限制和收入风险导致农民种地的积极性不高。承包租赁，不是自己的地，收成不稳定，看天吃饭，所以让农民只看当前，只看当季，只看当下能够卖多少钱，而不会考虑土地板结的情况，不会考虑种植品种规划，不会考虑在投资农资农机之外还要投资农产品，以及加强品牌打造和互联网传播。

2. 在没有新的农村组织形式出现之前，农民意识很难会有所改变。个体农民，即使是家庭农户，都是自给自足的小农意识；要有投资意识，长期规划土地种植和打造农产品品牌，必须是法人主体，也就是农业公司、基地或者合法注册的农业合作社。个人是无法成为新农业的主体的，因为个人的随机性和没有违约成本的问题很难解决。

3. 要打造有特色的农产品，尤其是原产地的农产品品牌。而不是盲目地跟随国外的产品模式，否则势必产生价格倒挂，比如玉米、大豆等，包括各地的农产品或者水果，不能盲目地看到一个地方种植某水果赚钱了，然后效仿跟随种植，等到收获的时候市场需求已经发生了变化。所以要从市场需求调研、消费者跟踪等来规划最适合的农产品，去打造品牌和进行传播。

4. 农民也要与法治相结合。要让农民有法治意识，要明白违约成本。通过执法治理，对那些严重违约、毫无信用的农民，在水电、农超消费、社保等进行法治的约束。如果没有法治治理，小农意识的农民随行就市的行为还会存在，甚至会出现劣币驱逐良币现象。

5. 三农亟须有责任心和公益心的公司进入做产业链整合和持续投资。有这些公司，带领农业合作社，或者基地、农场等，以法人实体为主体进行总体的三农产业链转型和升级，这是有可能的。当个体农户成为一个法人主体里面的一份子，利益得到保障甚至又超出期望，就会成为理性的经营体成员。

中国本质上还是农民社会，无论怎么城市化城镇化。现在农村的农民是非常朴实而且愿意进取，只是国家目前的资源和政策全部都集中到城市，他们没有充足的保障、处在一个信息不对称、市场不规范、利益最末端的环境，这是最基层的现状。

第三节　农业农村的供给侧改革

一、农业的供给侧改革

围绕农业的产业改革，我们一直倡导：政府引导、市场主导的核心策略。市场主导的意义在于三农要做产业链升级，而且产业链的每个节点都能够赚到钱，这才是一个具有持续性的商业模式。一个赚不到钱的模式，因为政府的过渡补贴和政策容易扭曲市场，容易出现寻租或者舞弊的情况，劣币驱逐良币的现象就会发生。

农业的供给侧改革，要对比工业和农业进行分析。中国的工业制造已经走出代工或者加工厂的层次，开始有品牌意识和创新意识。而农业，还完全处在一个靠天吃饭、手工粗放的小农时代。要改变，就要从农民的意识和组织结构升级，从三农的供给侧改革入手。要把农村看作一个农产品的供给侧，供给侧的主体应该是企业，比如合作社、农业公司、基地等，而不是个体农民，小生产主体很难建立起供给侧的改革意识。

在三农的供给侧体系里面，农产品是产品，农资、饲料、化肥、种苗等是生产资料，还有生产设备和车间工厂仓库。要从市场和消费者的需求和喜好入手，进行市场调研和产品设计，确定长期的农产品研发方向，并投入大量的前期资金进行种苗、种植等技术研发，购买先进的设备进行现代农业的建设，比如生物肥、标准大棚、滴灌追溯、大型农机等，以此提高农产品的生产效率和产品品质。

让农民或者大户投资几百万或者上千万引进大型设备，几乎是不可能的，他们只关注今年能不能赚钱，根本不会投入；让农民研究市场和消费者的需求来确定种植方向，他们就是看今年什么赚钱明年就种什么；让农民将农产品分级并进行品质控制，他们经常好坏混在一起；而这些，才是供给侧的关键。

这个时候，一个县长出去卖农产品是没有意义的，他应该更多地考虑如何带动一个县域去思考农产品的定位、用户的需求、产品的分级品控、县域的农业生产流水线投入和二产三产制造投入，还有产品传播、产品思维，只有这样才可能卖的多卖得好。

在产融课题组的乡村行走中，对比推广中的农村电子商务示范县与农业供给侧改革，颇有感触，只是以申请农村电子商务示范县的专项资金为目标的只能是助长泡沫，而不是真正的供给侧改革。原因如下：

第一、农村的电子商务要秉持“政府引导、市场主导”的策略。

每个电子商务示范县调研过程中，每个村都有一个村淘服务站，但是大多数的村淘站点都是在村委办公室旁边，或者原本就是村文化站，或者挂在一个农家乐旁边，或者在步行街上，或者是老供销社系统改建的。服务站本身没有商业零售的活力，大多是面子工程，有些是满墙的口号标语和必备的一个大屏，洋溢着电子商务示范县的标杆示范！

不过，在走访过的几十个村淘站里面，也见过一两个有生命力的，一个是自身开小饰品加工厂的，结合村淘站做网上淘宝店和农特产品；一个是步行街上开超市的，结合村淘站做存取款、收发快递等服务。这里折射出农村电商服务站重要的经营理念：必须能够自我造血，能够养活的模式，才可能做起来。

这就是面子工程与市场自我造血的区别。要推广农村电子商务，就要秉持“政府引导、市场主导”的策略，不能什么都是政府掏钱做，而是要推动农民自身的市场化。

第二、目前的电子商务示范县很难实现供给侧改革。

农村电子商务示范县的本质是需求拉动，除了消费品下乡，还有希望通过农产品上行的电子商务来拉动GDP！这根本不是供给侧改革，而是在将当前的农产品的问题和现状放大；只有从三农产业链入手才是长期的供给侧改革。

如果不改变源头农产品的供给侧，只是建个网站网店，书记县长一起去推广农产品，最终农产品可能会有流量和销量，但问题来了：做了很多努力，订单上来了，而农产品的品质和供应跟不上，为了满足订单残次品也开始上，最终伤害的是本地农产品的品牌和声誉。就像徐闻菠萝事件，卖不出去的时候烂在地里，电子商务给推广订单上来了，有的开始坐地起价，不按合同直接涨价，有的残次品一起上，这样的电子商务岂不是如同一剂毒药在进行慢性自杀？

另外，农产品没有种植规划、品牌建设、品质控制，农民没有经济意识，电子商务很难发展起来；更关键的是电子商务是需求端，拉动的是前面整个产业链，而前面的产业链还是原始的小农种植状态，除了种植之外，配套的二产、三产根本没有。这导致电子商务所需要的快速采摘分拣、初加工、包装、物流运输等，根本没有配套；老农民原来是菜贩子上田头来收直接点钱，现在是自己收自己处理自己加工包装，费事费力费钱，还没卖出去已经花费了不少钱，这如何让他适应转变？

农业的供给侧改革，不是一个农村电子商务就可以解决的，而是要用工业的手法来做农业，也就是要用大规模工业经济的方法来做粗放空白的三农，比如产品规划、品牌定位、营销传播、生产计划、流水线、服务排程、供应链、人力外包、产业园、金融与资本运作等。

举一个例子：一个企业家要投资某一个工业经济领域，他要先建立团队，进行市场调研、消费者定位和产品规划设计；再打造品牌定位和建设，然后进行产品研发投入，包括人力物力和各种设备；之后是标准化生产流水线，在此基础上进行铺天盖地的营销传播，基于市场的反馈进行生产和服务排程，建立强大的供应链管理实现物流运输和交付；同时大量采用专业的人力外包，吸引金融机构和资金，进一步进行资本运作。

农业产业也有类似的模式，比如联想投资进入农业的策略就借鉴了工业经济的方法，先调研规划农产品品类，定位在蓝莓和猕猴桃，然后选择种植区域（青岛和成都），投资建设现代化的大规模种植基地，进行标准化种植，打造“佳沃”品牌进行市场营销推广，结合消费者定位设计为高品质小包装直供连锁超市，从而实现了农业产业的供给侧改革。

我们再来看各地农村电子商务的供给侧情况，有哪个示范县先进行市场调研、用户调研和产品品类规划了？又有哪个县花费精力去投入农产品研发和新型设备？又有多少投入在品牌建设和农产品营销传播上？

所以，农业的供给侧改革，不要只是让农民搞电子商务，而是要带着三农走产业链升级的路子，要去邀请熟悉工业经济手法的企业家来做三农，比如温氏、新希望等这些标准化农业生产，比如雏鹰农牧、佳沃等这些资本化农业运作，来建立标准化的农业产业。

二、农村电子商务的供给侧改革方向

从电子商务到供给侧改革的演变，农产品的标准化是非常关键的。而围绕农产品的标准化，又涉及全国的种植作区分布，以及各地区域的土地、农事等要素，这些种植作区的分布和调整，还是要紧跟国家的政策和大趋势。我们来分析一下供给侧改革的一些方向：

1. 供给侧的主体和组织结构

供给侧的主体是国家队还是农业企业、农业合作社？国家队有涉农央企、供销总社甚至非农央企国企；而农业企业、农业合作社受困于规模和资金，还没有形成真正可以势如破竹地创新突破态势。

比如中农集团的县乡村基层网络体系，试点区域的东北运营中心，涉及近 100 多个县中心社、数千个乡镇服务专员、3 万多个基层社（村），社员 300 多万，有种植专业合作社、资金专业合作社等，而组织起来后紧密度和活跃度以及价值，还有待于深入开发，而当前农村合作社的大部分需求反而围绕在手机家电、家具装修、电动车汽车和金融贷款等方面。

2. 供给侧的线上线下融合

供给侧改革不只是电子商务，而是线上线下的融合，包括：电子商务、线下批发、农村社群、农村物流等。线下不可能被抛弃或者消除，而在于互联网平台如何为他们服务和提高效率降低成本，加快流动性和周转。

阿里村淘，核心还是用消费品下行的佣金来养活村淘合伙人；然后再到蚂蚁金服的农村金融体系，参与到农产品上行；反而阿里的 1688，从 B2B 角度做水果类的农产品，是非常靠谱的。而农产品进城的物流体系，无论是顺丰还是菜鸟，都没有形成一个完整的农村物流体系，尤其是农产品进城的通道。而这些，还是要依靠或者整合当地的农产品收购商，同时，尽量做到农产品就地对接商超进行消化，实现产地产销，而不是一定要运出省外卖向全国。

农村社群，以村或者村民小组为单位，社群的小 KOL 是村委会主任或者大户担任社长/理事，村民是社员，微信群的社群和合作社的社群合二为一，需要继续深入打造社群的服务体系。真正贴近农村需求的是服务导向，要引导原来的农资经销商、农化农机服务商转型为农村产业化和规模化的产业链服务商，只有这样才能够把农民聚合在一个高活跃度的社群上。

3. 供给侧的品类规划

从品类规划角度，养殖业已经比较标准化，大田种植还比较粗放，经济作物比如水果花卉药材等开始实现标准化，部分垂直细分品类已经开始标准化和产业化的供给侧模式了。

目前农业标准化最高的、产业链最成熟的是饲料养殖行业，从饲料到养殖到屠宰再到加工，已经是非常成熟且标准化的产业链条，关键在于饲料品质可以影响猪的品质，从而影响深加工企业。在养殖产业链里核心企业也就是链主，一般会有两类：一类是养殖大佬，比如温氏、雏鹰农牧；一类是饲料大佬，比如正大、新希望等；通过核心企业的上下游辐射和产业链价值的延伸，养殖行业可以利用金融和资本来放大和提升产业链规模。

大田作物的种植，标准化程度比较低，影响收成和品质的因素太多，除了农资农药之外，水、土壤、气候环境、收储等很难标准化；而农产品的收获后的储藏也是一个大问题，还没有高技术水平的仓储运输技术，导致在现场采摘尝到的农产品味道与运到城市消费者餐桌上的味道和口感，差别非常大，供给侧改革任重而道远。

经济作物因为单品价值略高，所以标准化程度也略高，比如水果、花卉和药材。这些品类开始走产业链模式：基地和大户的规模化—品控体系进行品质控制—金融服务切入，而标准化可以通过品种、水质、土壤、APP 抽检、实地抽检等实现指标化，比如甜度、水分、大小等。果品等级标准建立，就可以在收获的时候进行分拣，实现分级分类。当然，这个模式也包括一部分外形上与水果相近的农产品，比如番茄、马铃薯、莲藕、山药等蔬菜品类。

还有一类种植在实现标准化，就是比较垂直细分的高溢价的品类，比如特殊品类蔬菜。通过蔬菜产业链的模式：有机肥/生物肥—温室大棚蔬菜种植—蔬菜品质（预测模型）—属地就近消化农超对接。通过温室大棚实现标准化种植，可以建立菜品的预测模型：培育方式、生长状况、保鲜时间等，而蔬菜的品质主要分两部分：安全和新鲜；根据品控标准分等级：一级、二级、三级，进行差异化产品包装、定价和集配。

从以上农产品供给侧的方向来看，农产品变成好的商品，从市场需求或订单驱动的商品标准非常关键，在这样的品牌标准、分拣标准、分级分类、设计包装等标准化的基础上，农产品才可以成为畅销的商品。这也是农村电子商务的供给侧改革的关键。

第四节　县域农业农村市场

一、县域是农业农村执行落地的基本单元

农村市场需要抓住核心的执行落地环节，而这个关键的环节在哪

里？我们产融课题组在各地农村市场的走访中，一致认为县域是一个执行落地的基本单元。农产品电商和消费者电商只是农村市场的一小步，还有更多的事情需要做。中国有2000多个县，20多万个行政村，更多的农民互助组或者专业合作社，而在农业农村市场的执行落地事情上，县这个行政单位，成为农村市场的关键节点。

1. 县是地方行政层级的基本结构。它的结构与一个企业很相近，省市一级太大，乡镇一级太小，县是一个很具有强执行力的类企业模式的行政单位。

2. 县是城镇化的农村市场的核心旗舰区域。国家对农村的政策不再是城市化，而是就地城镇化、就地产业升级和就业安置，这时候县成为就地城镇化的中心旗舰区域，这也是未来各路商业和企业所角逐的地方。

3. 县是最有执行力和最讲落地的结构点。对于政府机构而言，省市一级务虚的太多，乡镇一级独立权力比较少，而县是最讲执行力的层级，不务虚，强调落地和执行力，强调如何招商引资，如何产业转型，如何建设农业产业融合的具体项目。

4. 县是承上启下的关键连接点。无论是阿里的千县万村还是京东的2000家京东帮，都是下沉到县一级，进一步下沉到乡镇和村，以及对农户的专业合作社或者农庄的适度规模化、土地流转确权的试点等，在县一级最容易实现。

5. 县是建立农村物资与农产品出入平台的最佳中心。无论农产品的集中采购、批发、销售等，还是农资产品的交易、配送、服务等，或者生活消费者的电商体验店、配送服务等，在县一级建立综合性的交易运营平台是最适合的。

从这个角度，我们可以来看农业产业在县这一级上可以做的事情：

（1）直采直供的生态链重构。从农户合作社和农庄的规模化以及直采，农产品的可追溯和可视化；再到以县为单位的农产品的集中性的仓储物流配送、批发贸易中心等，这不只是简单的农产品电子商务，而是实现农业生态链的重构。

（2）内容包装新媒体传播的运营。每个县基本上都有独特故事的具有地理标识的农特产品，这些有地理标志品牌的农产品，可以进行内容包装和情怀打造，集中实现一个新媒体传播和社交口碑的品牌效应。

（3）农村的县乡村点网络体系。以县为关键点，通过行政力量来实现县—乡—村—点的四级农民网络体系，将点（活动室、农民服务点、公益事业点等）这个终端利用移动下乡实现数字化、设备化，实现网络、终端、设备的全面部署，打造一个一通到底的四级农民网络体系，从而实现农民的一键呼叫服务或者网络的一键到达通道。

（4）构建农村支付清算平台。围绕集中性的交易中心、批发中心、仓储物流平台等，建立县集中的支付清算平台，涉及农业补贴、农资农化预付款、交易结算、农产品销售结算等都通过统一的平台出入，通过支付和资金数据积累可以建立起农村信用模型，从而有效解决农村金融因为缺乏抵押品而导致贷款困难的问题。

（5）实现企业农村市场落地对接。不再是简单的招商项目，而是建设县级农业产业中心和县乡村点四级网络，与类似阿里、京东农业，万达商业、大润发超市等的农村市场下沉实现落地对接。

（6）人才培养和储备。在县一级，往往会有专科职业技术学院，这类高校人才培养以应用型人才和现代职业农民为主，同时结合当地企业和农户的需求，可以实现企业的继续教育和转型研修班，也可以实现人才的储备和对接。

二、从县到村的进一步下沉落地

县域市场的从县到村的进一步下沉落地，非常关键，这个进一步下沉的核心是与“县—乡—村—点”网络体系相结合的“村单体系”，与县域进行遥相呼应和集配对接。要落地到村，就要与当地企业合作物流配送，与当地企业合作村服务网点，与当地企业、杂货店合作作为终端，与当地企业合作通过地推人员发展村里面的村单联络人。

村是农村的基础单元，再小就是农民小组或者合作社了，这也是农村根据地的神经末梢。目前农业体系里能够下沉到村的很少，除了当地县乡的农资农化服务网点，就很少有其他渠道。农村的交易（物资的下行和农产品的上行）的核心，就是村单。村单不是凭空下单交易，而是基于村里面信任的人进行交易，就是村里的关键人，比如村委会主任书记、退休的村委会主任书记、种植大户、小合作社、农庄的领头人等，也有村里的杂货店老板、德高望重的校长等。村单的核心是关键人的信任关系，村单交易的联络人，用他的信任作为基础，实现村单的源源不断的交易，然后再进一步通过有信任关系的当地物流、杂货店、服务网点等进行交付。

全国的农村市场，意味着要覆盖20多万个村，这就要有一个强大的村单交易网络系统，同时要有强大的智能后台，并整合社会化的资源。

1. 要建立一个农村市场网格化的运作组织，20多万个村单联络人，要有几百人的全渠道商务中心，通过大区—中心—区域—网格小组等实现对每个村镇的联络人的管理，每个网格要有内勤对接村单联络人，对接负责该网格区域的当地企业的地推人员；

2. 要实现一个强大的交易管理系统，能够实现村单联络人的电话、APP等接单，实现村单的配单、执行、订单返佣的自动结算等；同时要实现对物流伙伴、服务伙伴等的统一协调，实现销售到村、配送到地、送货到家和服务入户；

3. 要建立一个统一的支付结算平台，将涉及的农资农化产品以及日用消费品、上行农产品等走统一的支付结算平台，可以用补贴和农资产品以及免费的智能手机等来引导农民改变习惯。当前的金融体系，农信社和邮储也到不了村级，网点基本上撤到乡镇，甚至有些撤到了县。

如果能够设计一个足够强大而且智能的村单交易平台，那么可就可以将县乡村点网络体系有效下沉到村，这样才能成为县域农业产业发展的核心支撑。

三、县域的农业产业升级

县是农村电子商务最关键的执行单位，也是最有中国特色的行政单位，但结合乡村走访和实践来看，农业产业既需要扎根县域，以县域为基础单元；又要超越县域，与省市一级来共建。

1. 原产地是县域经济的核心。农村产业的核心是原产地品牌策略，核心是农产品进城，所以打造每个县的原产地农产品品牌非常关键。通过政府和原产地的平台打造，实现商超/连锁门店与产地合作，打造原产地农产品品牌。产融课题组走访过云南的诸如嵩明、马龙、剑川、宾川以及广西的六堡等地，每一个县都有一个或者多个有地方特色的农产品，包括原产地的地理标志品牌。

2. 深度优化供应链，打通原产地直供。有了原产地农产品，并不意味着就可以顺利开卖了。整个直供的供应链，除了原产地，还需要省市的整体规划和整合。比如原产地的水果蔬菜，早晨4、5点采摘后在田头基地进行就地标准化处理和打包；然后由村镇运输到原产地的集散地，进行规模化的包装和订单物流处理；之后通过支线快速物流，7、8 点前能够到省市区域的机场或者大型果蔬集散地，开始空运或者陆运；中午 12 点到一二线城市，下午到超市或者终端店，晚上之前到消费者的餐桌。这个工作只靠县域的电子商务服务中心是完成不了的。

3. 改造升级农产品流通集散地。升级传统的农产品批发市场，围绕农产品的标准化，建立 B2B 交易平台，同时扩展仓储、物流、金融等服务，从数字化、标准化入手，成为农产品与城市的各类垂直果蔬平台或者连锁超市的中间平台，逐步消除和改造各种类型的中间商和经销商，转型成为物流、金融、技术服务等。各县市的农产品流通集散中心需要把握好机会，打造一个区域性的农产品交易平台。

4. 农村电商必须与农村金融深度结合。农民有农资农化的资金需求，农产品有收成的季度周期特点，而农村信用社和邮政储蓄的覆盖和贷款条件限制，导致农村金融的需求非常迫切；同时，各种农村资金补贴、引导基金等需要一个透明有效的平台落地；整合社会化资源比如农产品流通经销、物流配送、村级服务点等也需要供应链金融服务；涉及农村电商、农产品收购包装交易运输、农资农化资金结算等大量的资金流动，更需要一个农村金融平台来承担。没有金融服务支撑的农村电子商务平台，是运营不起来的。

5. 农村目前的人均可支配收入比较可观，在 12000 ~ 15000 元/年；但是农村的县域经济往往忽略了农民和城镇居民的银行存款资金，大部分县域的农民存款的平均收益率很低，也就是说大部分都是银行存款，而没有更高收益率的理财产品。这也需要从省市经济与扶贫角度来规划和引入合理的理财产品和稳妥的投资渠道，提高农民的资金回报率，转而再投入到农产品生产和消费品购买上，真正帮助农民实现更多的收入。

乡村振兴行走案例

1 农村和农民的变化

湖北是鱼米之乡，除了虾蟹稻、藕之外，很多区域以经济作物为主，比如柑橘、蔬菜等，产融课题组在乡村行走中特别关注了农村和农民当前发生的巨大变化，这些变化对三农的未来走向也都有着极大的影响。

1. 劳动力变化。年轻人基本上都是读书出去工作或者打工出去了，再或者去县城定居了，在农村的往往是典型的“38 59 61”，都是老弱妇幼，没有了壮年劳动力，生产效率大幅下降；但同时，开始有一部分在外工作或者打工的年轻人返乡，开始组织农场、新的种植养殖或者电子商务，带来一些新的变化。

2. 土地的规模和流转。湖北很多地区都是丘陵山坡和水系的地貌，因此土地集约化程度不高，只在部分平原地区才有大规模的土地，土地确权和流转已经开始，但是不成规模，随着年老的劳动力退出农业生产，土地流转的速度会加快，但是如何有效地组织和引导正确的土地流转非常关键，引入信托机制还是比较好的选择。

3. 耕作习惯。传统的耕作，犁地深耕底肥，手工播种、夏天追肥，拉着水车或者水泵浇水，施肥还要等下雨才埋到根部可以吸收，戴着帽子口罩手套喷打农药，收完烧秸秆等，而现在，农机的使用开始普遍，没有集中起来的土地也可以利用小型农机，水溶有机肥和农药可以通过滴灌或者无人机进行喷施，联合收获农机可以收割、烘干和翻地一起完成；经济作物尤其是蔬菜大棚，使用的农机都是小型机械，用肥方面还是复合肥为多，但也有开始尝试有机肥。

4. 资金需求。因为从事经济作物种植，资金需求越来越多，银行贷款比较难，大多自己借钱筹措；经济作物尤其是叶面菜，差不多100亩的资金需求差不多50万元，现在主要是通过小贷解决，利率为1分2到2分，大部分农户70%～80%都需要贷款；结算上除了现金之外，农民也开始接受3～5天账期的现金结算，也可以使用支付宝和银行卡，现在最常用的银行是邮储、农行，从这个角度来看，在农村直接推动移动银行有没有可能？

5. 手机。几乎大部分农民都用上了智能手机，湖北的县市经济和旅游比较好，农村的收入也不是很低，智能手机基本上普及了，但是基于智能手机的应用和服务还没有普及，这是从事三农领域的机会点。

6. 农产品价格。虽然农民习惯于随行就市，但农民不是简单地算账，他们也理解市场行情价、菜场零售价、收菜收购价这些价格的问题，也希望在一个有组织的集配中心的体系下，能够建立简单的农产品标准，分级分类，从收菜的预处理、分拣初加工，运输装车处理，地采的时间、标准、流程和物流包装材料等，用二维码等实现菜农溯源和基地识别，最终实现农产品价格的溢价收入。

7. 强关系。不管是合作社的组织、土地流转的动员、金融服务的宣传、收购服务的推荐、不良资产如土地权属的处置等，都离不开村里的代理人，甚至农村的移动金融服务也离不开村里的代理人，因为农村是一个强关系社会，很多事情必须建立在强关系的信任基础上，这些人往往是村委会主任、大户或者校长医生等，这是农村终端和场景的关键节点。

8. 消费升级。并不是只有城市才消费升级，农村也在大面积地进行消费升级，除了县城的购物中心或者百货店人山人海之外，农民在攀比着购买电动三轮、小货车、皮卡汽车等，也在不断地翻盖新房，宁肯在村里花费四五十万翻盖新房，也不去安置楼或者镇子上的楼房，而镇子上的楼房也不过二三十万，这些钱都是筹借而来，当然也是最好的农村消费分期的需求基础。

这些已经跟传统印象中的农村大不一样了。无论电子商务、O2O、生产服务、产业链、金融服务等，都需要与最新的农村资讯结合起来，不断采集新的数据和利用新的数据成为他们最有力的助手。

2 阿里村淘的“千县万村”

在农村电子商务的推动中，阿里通过村淘的千县万村走在了前列，村淘计划不仅补贴相关试点县，还共同建设淘宝服务中心和村淘服务站，淘宝大学也定期组织淘宝电商培训，推动了农村的电子商务发展，同时带动一小部分农村青年在短时间内发展起来。但综合田间地头的各种情况，阿里村淘计划的千县万馆并不是那么顺利和契合，为什么会这样？主要有六方面的原因。

（一）目的冲突

基层人员说：“淘宝的目的是消费品下乡，我们的目的是农产品进城。”两个人的目的不同，就算暂时恋爱结婚，也是热闹一时，时间久了就逐渐暴露出本质的区别。淘宝的根本目的是盯着农村市场，农民能够开店也能够建立淘宝消费习惯，更多的是消费品下乡的巨大市场。而农村的根本目的是自己的农产品能够销售进城，至于是否在淘宝上买东西不是重点。

虽然很多平台畅想两条线能够同时，物流配送的车下去送消费者，然后回来的时候带上农产品，但这种想法往往是一厢情愿，因为种植时间、农资农化运送时间、农产品收成时间等都不同，怎么可能那么巧？

（二）观念转变

农民说：“既不费事，又能赚钱。”这是一些农民的人性。任你怎么不屑和唾骂，农民的人性也是如此。原来的模式是批发商或者采购商直接开车到田头，农民只需要采摘下来，他们来包装、运输和交钱，虽然有时候会有赊销情况，但是省事；现在的模式是农民要自己开淘宝店，然后拍照维护，自己采摘自己包装，一个个打单进行物流快递，而且有可能淘宝上的价格还比田头收购价低。

你觉得这是在帮农民还是在违反他们的人性？虽然是帮，但是在以阿里认为的“帮”而不是农民认为的“帮”。这也是阿里常见的违反人性的帮忙，比如阿里与传统企业的O2O试点，阿里与商业零售的喵街试点等。

（三）指导力度

基层人员说：“农民再培训也很难很快适应淘宝的运营方法和技巧，表现好的都是个别的有志青年或者回乡再创业的互联网从业者，而不是普通的农民！”是的，普通农民很难学会淘宝，他就适合把农产品种好水果种好，其他的最好是有一条龙服务。这就需要有统一的运营中心，进行统一的技术服务、人员培训和农机农技服务、种苗化肥农药服务，整合各级物流配送和终端营业部、服务网点的服务网络体系进行统一调度，吸引合作方共建冷仓、批发交易中心、物流配送和金融服务等。

如果没有这个，不出半年，大部分的村淘就会成为摆设。可是要做好这个，不是阿里与示范县共建一个淘宝服务中心和几个村淘服务站就可以实现的。

虽然各地都有一两个表现很不错的标杆，或者有一些村淘店刚开始的时候做得不错，看数据又是多少单又是多少吨的。但运营半年到一年后，进入常规的过日子，就开始进入拉锯战。看看现在的淘宝为什么大量的中小企业在出逃？天猫上为什么大量的品牌在出逃？那为什么农村电商的农民们却又要继续走这个循环呢？

（四）营销策略

基层人员说："农民以为开了淘宝店就来了订单，根本不懂营销推广或者流量。"

他们其实不知道还要进行推广，什么直通车聚划算或者SEO优化？通通不知道，培训一次也不可能马上就学会。淘宝上搜一搜，自家的水果农产品不知道排在多少位之后？上百度搜一搜，无数个李鬼假冒的农产品在你前面？

他们也不清楚流量是从哪里来的，今天很意外地空降一个国外的订单就以为天天来国外的订单，然后慢慢成为守株待兔，这样的模式不可能持续发展。

（五）创新推广模式

走访专家说："农村电商不应该只是单一的电商平台，就算要做也不能只依赖淘宝。"的确，从当前电商的发展，平台电商不仅仅只是单一的淘宝天猫，还有京东、一号店等；而除了平台电商以外，还有移动电商和微商模式。

围绕农产品和水果店，更重要的是垂直电商，比如天天果园、易果生鲜、顺丰优选等，这些都专注在生鲜冷链和果品方面，目标用户精准，物流配送专业。他们最关注的资源就是有特色的原产地水果资源。

还有一个关键是：B2B交易批发平台。农产品和水果的销售大部分还是依赖地面批发分销，比如褚橙，也是通过线上品牌传播电商销售一部分，然后大部分通过线下批发走量的。所以，原产地的B2B交易批发平台就成为很好的模式，全国各地的批发分销或者零售商都可以在上面进行采购，然后物流配送直接到他们的各地分仓甚至可以直接配送到他们的消费者手里。

最适合的可能不是村淘，而是垂直电商+地面分销批发模式，地面的批发分销还是会占据更大比重。

（六）销售需求

基层人员说："村淘的核心是农民能够开店，越多越好，至于以后农民如何运营如何赚钱并不是他们当前执行关心的问题。"

这也不是说村淘执行出问题了，而是因为村淘计划的目标与农民的本身需求是不一样的。村淘执行团队的KPI考核指标是开店，但是农民的需求是卖出产品。

3 县级市的农资城

农村市场是传统企业和互联网公司都开始眼红和下沉的地方了，不仅仅是阿里京东，或者邮储供销社，还有vivo、小米和拼多多。但农村市场不只是消费品下乡和农产品进城，最核心的还是物流，不是到县级区域的物流，而是从县到乡镇村的配送。村级单元之间的道路情况、运输情况、收费情况、当地民风情况等，都不可捉摸，毫无标准化。

产融课题组这次走访的是陕西一个县级市的农资城，由供销社发展而来，以农资农化产品为主，300多亩的农资城里建设了交易区和仓储区，建立自己的物流公司和仓储配送，建立交易平台，组织农资产品洽谈会，一级一级向下批发，未来希望实现FDC（工厂到客户），客户定位在农户（散户、种植大户、小型合作社、小农场等），立足当前区域，逐步影响陕西，未来计划挺进中原。

对于农村市场，阿里和京东的主要用户大多是一、二线城市的网民，现在突然来做四、五线甚至五、六线市场的农民，很难适应，而且配送体系不同，产品也不一样。消费品大多是高标价产品，而农村市场的农产品往往不是标品，而且对运输要求很高。互联网平台计划中的消费品下乡的运力和农产品进城的运力相结合，但是因为农产品的收获季节和消费品的消费频率不一样而错开；同时，如果下沉到县的终端店，2000多个县级终端店的投资非常庞大，管理成本很高，各地的风土人情和生态环境等复杂多变，又需要因地制宜。

农民对农资市场的需求，与对消费品的需求是有差异的，农资需求主要是围绕生产性服务和生产性需求品，而这方面的需求主要围绕以下4个方面：

1. 货真。现在农资农化产品假货横行，买一笔就跑的人大有人在。

2. 便宜。物美价廉，这实际上涉及一茬作物的生长和收成，所以不一定马上能够分辨，但会积累出农民对一个品牌的信任。

3. 服务。除了产品，还希望有农技支持、农机具租赁等服务。

4. 金融。基本上目前没有解决，邮储和农信社的助农贷款因为抵押物和成本问题也很难开展。

产融课题组在乡村行走中最大的感受是：农村市场不可能一个平台通吃，到了县级区域再往乡镇村走，就需要依靠这些本地区域的"地头蛇"企业了。他们不仅有配送运输、仓储、地推销售等能力，可以作为农村市场的最后一公里，而且这些区域的农资公司或者农资城已经开始考虑转型。但是，在电子商务、O2O平台和区块链的建设上，需要大量的资金投入和时间、技术成本；还要进行市场教育，培养农户上网甚至使用手机APP的习惯。

这需要做大量的工作，一个县级区域的农村市场，也需要类似百千万工程，比如以核心农资园区为中心，围绕百公里范围内，实现到达一千个行政村，一万个农民小组。为了培养习惯，送农民智能手机，直接上农资APP，通过品牌+服务+正品来实现持续发展。

第二章

CHAPTER TWO

适合中国国情的特色农业模式

十九大的报告中提出了“乡村振兴战略”，乡村振兴需要解放思想，重新解构乡农，紧跟新农业发展的大趋势，进行农业振兴战略规划。在这个过程中，产融课题组围绕三个问题进一步探讨。

一是产权问题。土地产权不仅是土地确权的问题，而是农民围绕土地确权后的收益是否能够数字化、资产化和货币化？

二是渠道问题。相对于传统的渠道层级，如何构建新的电子商务模式和电子交易模式，以及适合国情的订单农业模式？新的区块链基础上的价值网络体系、新的金融资产交易融资渠道将怎样建设？

三是组织问题。旧的农户家庭经营模式已经不能适应发展，简单的合作社和农场也很难适应快速的发展，新兴的经营组织将是怎样？是否趋向于去中心化、共享组织结构等新模式？

第一节　乡村振兴战略的“产融五阶”

在乡村振兴过程中，随着移动互联网、物联网和区块链价值网络的发展，农业也呈现出一种新农业的趋势：共享经济不断更新迭代，大数据和人工智能不断深入，新零售和新金融进行得如火如荼。

它不再是传统的“种养殖—经销—零售”的农业模式，而是基于新的农产品价值驱动的网络协同，这个价值网络既不是层级的也不是扁平化的，而是通过区块链技术实现的分布式、立体交易网络结构；

它也不再是传统的手工粗放式农业生产，而是充分运用智能设备和技术，采集海量的农业数据，通过算法实现数据智能，进一步结合机械化自动化实现机器决策的智能化生产；

它也不再是简单的不可抵押的土地和农产品，而是在数字化基础上的资产化，并进一步实现土地和农产品的数字资产；

最终，它将不再是分散的小农经济，而是通过产业化和金融化的大规模协作的产业经营体，实现农业集约化发展。

在这样的背景下，中国的农业只有实现产业金融化，才可能走出适合中国国情的特色农业模式，我们把它提炼称为农业产业的“产融五阶”。

农业的“产融五阶”体系，就是依托于一二三产融合的产业链基础，逐步通过“**数据—标准—交易—产业—金融**”五个阶梯步骤的发展路线来建设产地的现代农业，建立土地、种植和农产品的大数据，建立起产地品牌标准、农产品技术品控标准、品质分拣标准、农产品定价与估价标准，实现农产品交易电子化、农资农机的上下游交易电子化、冷库和物流配套服务的电子化，打造产业链从上游农资、生产过程的田间管理、冷库和初加工、深加工和配套产业和下游采购配套服务等闭环价值链，拓展以土地资产化、农产品银行为基础的多渠道、多层次的差异化金融服务体系。通过供应链金融、互联网消费金融、订单融资等支撑农业产业发展，进一步创新农业产业的数字资产交易和金融资产交易。

第二节 数 据

产融五阶的第一步是数据。

对于农业产业，大部分投资往往都是在一产的种养殖，而忽略了数据是农业产业的核心基础。没有数据，我们就不能建立标准，也不能建立多样化的交易模式，更不能支撑一个规模化的产业和金融体系。

农业的大数据基础非常薄弱，目前大部分是空白地带，但是技术的发展使农业的数据化已经有了一定的基础，对比国外的农业大数据、智能机械、无人机等深度应用，我国农业完全可以建立自己的数据体系和大数据应用场景，从而为农业产业提供数字化的基础。

国外农业的大数据都是从卫星遥测的土地数据开始，国内卫星能遥测的数据有各地的土肥站的土地土壤数据、气象局的气象数据、农技站的病害数据、农资服务商、粮食收储等机构的种植和农产品数据、乡镇政府或生产队的农户数据。要承认的是这些数据都比较分散，而且部分还是纸质档案，没有形成电子化，需要一个平台来整合，并能够有系统和算法来进行数据源的清洗、拉通和深度学习、分析计算。

同时，农业也需要加强新技术、智能装备、产业标准的建设，逐步实现农业大生产全过程的数据化和电子化，从农户的电子建档和土地建档开始，土地平整和滴灌智能设备的土地数据，土壤检测桩点、修复的土壤数据，专业合作社或农场及与种业等合作的种植数据，农资服务的智能测土配肥、水肥一体化的土肥数据，无人机喷施、智能设备的喷施的植保数据，无人机专用摄像头的病虫害监测数据，农户手机上的田间管理和农事日历的田间种植行为数据，卫星遥测结合无人机监测的产量预测数据，收购和交易市场的农产品订单数据，烘干等初加工流水线的农产品加工数据，交易市场的仓储和物流配送的数据，农产品的电子标签和二维码的流通溯源数据，电子商务的终端和消费者数据，互联网和社交媒体上的农产品体验和评价数据，这些数据源首先完成的是各个阶段环节的电子化和数据化，然后进一步在一个统一而唯一的农业大数据模型和平台上进行聚合、整合、拉通和建模分析、深度学习，最终形成有价值的农业大数据，应用到农业的产业场景中。

第三节　标　准

产融五阶的第二步是标准。

农业不能大规模产业化发展，除了土地集约化的限制之外，还有就是粗放生产，缺乏标准。而有了数据就可以制定标准，有了标准就可以进行品质控制和标准化合约，才能够奠定产业标准和金融信用标准的基础。

现在对农业有个普遍的观点：农产品是非标准化产品，所以农业产业化不好做。但是，所有的标准都是从无到有建立起来的，关键是我们有没有产品标准意识和品牌意识，然后去创新和打造农业的标准体系。

如果从农业产业角度来看，标准，就是品质，建立了分级分类的产品标准才可能基于标准进行品质控制；标准，就是商品化，没有标准的只能称为农产品，有标准的才是商品；标准，就是品牌，品牌的背后就是特定的农产品标准，大通货的农产品打造不出品牌；标准，就是开放，建立了产地标准，就可以打造产地的开放平台来整合符合标准的农产品种植；标准，就是资产，只有标准化的农产品才可以数字化，才可以上链，才能够进一步成为可评估可测量的资产。

建立标准的过程，要依赖于农业的大数据，逐步建立起产地农产品标准、品控标准、技术标准、智能标准、品牌标准和平台标准等，并基于区块链技术实现上链。

- 产地农产品标准是核心，它定义了原产地的农产品特点、优势和标准数据；
- 品控标准则是围绕农产品的有机、分拣、检测、溯源等品质控制的手段标准；
- 技术标准主要是种植过程中的土地治理、机械化、病虫害监测防治、水肥一体化、种植间距、反光膜、农产品加工等标准，有助于提高效率、降低成本和控制品质；
- 智能标准是卫星遥测、传感器、摄像头、无人机等智能装备的通讯、开发接口和数据标准，实现农业物联网的互联互通；
- 品牌标准是农产品的品牌标志、品牌故事、包装设计、全渠道营销等品牌设计和推广的标准，核心目的就是打造一个农产品品牌；
- 开放标准是一个开放的农业智慧平台，所包含的数据标准、算法标准、定价标准、上链标准等；
- 数字资产标准是基于区块链平台的标准协议，农产品通过该标准协议可以上链确权为标准化的农产品数字资产。

通过标准的建立和应用，实现农产品的品牌化和数字化，通过区块链实现产业的供给侧升级，建设一个开放、共享、协同的标准化农业产业平台。

第四节 交 易

产融五阶的第三步是交易。

交易不只是农产品的现货销售，而是要在数据和标准的基础上，打造多样化的标准交易合约，丰富农产品的交易模式、拓展农产品的交易深度和提升农产品的品牌溢价，并将传统农批市场升级为农产品电子交易中心和数字资产交易中心。

农业产业一直没有突破式发展，其中一个主要原因是各地只抓产量，不抓交易。因为抓产量最简单，只要推动农民扩大种植规模或养殖规模就可以；而抓交易，却要熟悉市场建立品牌，实现农产品标准化，吸引全渠道的采购客户；产地政府往往可以很简单地推动农民扩大规模提高产量，却没有相对应的能力和水平来抓交易、抓市场、抓客户。

交易的核心是电子化和数字化，电子化后形成的数据包括订单、仓单和运单等，数字化后形成的农产品数字资产、土地资源权益类数字资产等，可以进一步衍生出金融、期货和保险等服务。产业的电子化交易包括土地流转、农产品交易、农资农机的上下游交易、冷库和物流配套服务等，其中涉及产业链的上下游各个环节，包括龙头企业、大户、上下游交易、服务提供商、金融机构以及产业配套服务商等；而数字化交易包括农产品数字资产、资源权益类资产的数字资产交易，又将产业链扩大到数字资产投资者。

农产品交易中心的结构设计，包括采购客户的预售订单和服务、种植大户的交易订单、上下游的农资农机订单、签约冷库的农产品仓单、农产品银行的金融交易结算、农产品的数字资产交易等；通过交易平台，整合线下的批发市场和农贸市场、线上的 B2B 和 B2C 平台，将土地、农产品、农资、农机、农事服务、消费、配套服务等的交易实现电子化和数据化，并打造农产品标准化交易合约的智慧引擎平台。

对于产地，尤其是省市级平台，一定要抓农产品的电子交易，尤其是标准化农产品上链后的数字资产交易，而不只是电子商务的农产品上行。紧抓农产品交易（以线下的农产品交易尤其是采购、预售等订单交易）的电子化，突出产地优势建立产地标准，整合粗放的农贸农批，实现农产品产业升级，为线上的电商平台、线下的渠道采购等提供全方位的标准化的产地产业服务。

上述是一个典型的原产地农产品交易模式，例如，农产品的电子商务都是对采收的农产品进行的互联网“销售”，突出“销”，这时候销售背后的产业配套是缺乏的，一旦农产品丰收了供应量增大或者采购订单多了供应量不够的时候，就会出现品控问题；农产品的电子交易则从产地标准和品牌打造开始，以采购客户的市场订单来驱动品种的研发和选择、种植的技术标准、采收的按产品标准的分拣等，并结合电子交易和冷库仓库平台整合和升级农贸市场、农批市场等线下渠道，与深加工的二产企业紧密合作，通过市场订单和产地标准来推动农业产业的升级。

而农产品标准化后的资产上链，在区块链上形成农产品数字资产，进一步的农产品数字资产交易平台，与未来的央行数字人民币相结合，可以为农业产业提供农产品数字资产交易之外的更有深度的衍生服务，比如保障类交易合约、融资类交易合约等。

第五节　产　业

产融五阶的第四步是产业。

分散型的小农经济习惯了自给自足，大规模发展就需要专业化分工和产业协作。农业产业的核心是结构设计，如何定位一二三产的结构？如何规划一二三产的设计？如何打造一二三产的融合？这是农业产业的关键，只有形成有数据、有标准、有交易的产业，才可以进入金融和资本市场。

大部分的农业投入，都集中在圈地进行种植、养殖，尤其是扩大土地规模。但从产业金融化的角度来看，在一二三产的农业产业融合中，一产是基础，二产是核心，三产是流量。围绕农产品的深加工、中高端商品以及有机食品等的二产才是创造价值最高的环节，也是打造品牌IP化的核心，突出和提升产地价值的核心，创造农民就业机会的核心，只有二产才更容易快速成长为农业产业链的核心企业。

农业的产业链，围绕从上游的品种研发、农资农机，生产过程的田间管理、农事服务，交易过程的交易流通、冷库、配套服务，加工过程的初加工、深加工和配套产业，下游的采购配套服务、数字资产交易等形成闭环价值链。

在这个产业链体系中，最核心是二产，主要是农产品的初加工（冷库、烘干、有机肥等），深加工以及品牌食品、农产品和衍生品等相关企业或项目，这些比较适合打造品牌、扩大规模、形成有生命力的拳头产品、容易获得金融和资本的认可；而一产的种植、养殖，有部分看天吃饭的风险和波动，属于投资比较大的重资产模式；三产的配套服务、休闲农业等，可以吸引流量，但是形不成拳头产品和稳定现金流，很难做成上市公司框架。例如苹果产区的农业产业，目前大部分都是鲜果销售或者冷库代售，苹果的二产一般是果汁或果脯的传统加工，采用的大多是落果或者残次果，对产地的价值不高；而真正能够提升产业价值的是高端的、强化产地优势的深加工企业，比如采用优质鲜果进行深加工的 NFC 鲜榨汁、有机果脆果酱、苹果酒醋、益生菌果汁、膳食纤维食品、功能性苹果饮料、苹果果胶果粉等，打造品牌，突出有机食品，开拓消费者市场和渠道布局，快速成为水果产业链中的核心企业，并带动上下游产业的协同发展。

同样，在一个县域的田园综合体项目或者农业产业融合示范园区中，需要调研规划出最适合的一产项目，根据定位的原产地农产品，建立起品质控制标准和种植标准工序；设计规划出休闲景点和休闲度假主题，吸引游客和消费者的流量，打造产地的休闲农业品牌；最核心的是要确定引入的二产加工企业，水果的就是水果高端深加工企业，药材的则是饮片提炼医药企业，蔬菜的则是有机蔬菜或食品的深加工食品企业等，利用一定规模的二产企业作为产业链核心农企，通过核心企业的预售订单和收购标准，推动有机肥和无人植保推广，通过农产品收购的分拣前置和交易的分拣检测，提高农产品品质和实现分级分类，通过标准化的冷库、物流配送、预处理/初加工/深加工/包装等快速生产成直接面向消费者的中高端商品或有机食品，通过农产品银行和金融服务提供资金支持，从而带动整个农业产业链快速发展。

第六节 金 融

产融五阶的第五步是金融。

以前的农业离金融很遥远，得不到金融和资本市场的支持，农业农村就很难实现乡村振兴战略。金融和资本不愿意进入传统、粗放、非标准化的小农经济，只有实现了农业大数据、标准化、电子化数字化交易，并有了一二三产融合的闭环产业链体系，金融和资本才能够进来促进和放大。当农业产业化形成产业链闭环和资金流闭环，这时候就具备了金融化的基础。

传统农业金融，基本上是散兵作战、点射模式，针对农企或者大户，一人一议，人工审核，资源浪费严重，成本高、效率低、周期长，不能满足农民农业生产的资金及时性的需求。而在农业产业金融化过程中，土地和标准农产品的权益数字化和资产化是基础，打造农业的上下游产业链和供应链是关键，而交易的订单、仓单、运单和结算单是金融产品设计的核心，同时依靠农业大数据辅助进行风控。

1. 土地和标准化农产品的权益，体现在土地银行和水果银行、粮食银行的业务中，将土地和农产品标准化和数字化后，通过信托或区块链技术将权益确权为特定的权益资产，从而可以进行融资或者交易、交换。

2. 上下游产业链的闭环，尤其是资金流的闭环，是建立产业信用的基础；同时，利用供应链的交易关系和历史数据，丰富产业信用。

3. 交易过程中的订单、仓单、运单和支付结算单，是设计供应链金融、B2B 金融、互联网金融的核心，也可以在增加农业保险或期货的辅助下，实现农产品绿色资产的交易融资渠道。

4. 农业大数据可以针对农户建立生产消费数据的信用风控，可以针对农产品的农事植保气象大数据进行收成预测和病虫害预测，可以针对订单、仓单、期货现货等数据对农产品交易价格进行预测，从而可以细化和补充金融产品设计。

金融化的核心立足于产业化打造出来的农业市场基础上，引入资本市场的逐利能力，设计产业基金的杠杆能力，建立与传统涉农金融机构不同的金融服务体系，以信托、互联网小贷、供应链金融、互联网金融、农业保险、期货现货交易、数字资产交易、绿色金融资产交易等模式，拓展以土地资产化、农产品银行为基础的多渠道、多层次的差异化金融服务体系，通过区块链、供应链金融、互联网消费金融、订单融资等支撑农业产业发展，进一步创新农业产业的数字资产交易和金融资产交易。

例如，在内蒙古的农资供应链金融和河南的饲料供应链金融的设计和落地中，采取如下措施：一是引入了像中华联合财险、中原农险等农业保险公司，二是将产业链的交易结构进行了信用设计，三是利用交易订单、仓储管理、田间管理、信息系统等数据建立风控机制，四是利用农民的农产品收购和钱包 APP 进行闭环，通过这些来设计风险可控的金融服务产品。同时，引入土地信托、马铃薯银行、互联网金融以及农机的融资租赁和分期等多样化金融业务；核心企业与地方引导资金发起产业基金，引入优先的银行资金；引入农业保险和期货，实现标准化交易的保障；推动土地和农产品的区块链上链和数字资产化，引入数字资产交易和绿色金融资产交易所。整个体系中，引入上市公司或央企参与平台公司或产业基金，从而可以丰富融资渠道和多样化资本市场。

从各地农业实践的总结和教训来看，农业的产业金融化需要围绕“数据—标准—交易—产业—金融”的产融五阶逐步来实现。在农业产业金融化的过程中，核心是基于一定的标准，抓住农业产业内的交易，从而将物权、债权以合约的形式数字化，并将原来的农产品销售过程升级为数字资产的上链确权过程，从而建立起农业产业的大数据和区块链的数字化生态，形成农产品的数字信用和数字资产，进一步拓宽金融交易和资本市场。

在农业能够产业金融化后，数字化农业生态将是农民的土地资产数字化，强化产地优势，去产能去库存，走高端化和品牌化，打造优质的原产地农产品数字资产和农业数字化产业链，最终通过金融支持和资本市场放大，快速成长！

乡村振兴行走案例

4 大城市的农业产业

农村市场并不只是农村的事情，大城市一样可以参与其中。广东是一个经济发达的地区，产融课题组最初以为像广东这样发达的地方似乎是不会有三农的，没想到在广东的各地走访调研，发现一线城市也一样可以做更精彩的三农产业。

- 第一站：广州

广州知名的农业大学：华南农业大学，华农有三农的加速器和转型园，对于发达地区，新农村建设投资需要做减法，实现简单化，而最简单的就是最大、最高的价值。在发达地区，商业机会诱惑太多，所以做三农需要志同道合的团队，一产、二产、三产再融合金融；占少数的农民，他们的目标是有安稳的家、过安稳的日子，所以需要将老百姓组织起来，掌握一定的话语权。

广东地区9000万人口，农村2000万人口，而农村人才的缺乏，需要吸引年轻人积极回乡建设，“还给农村一个美好的家庭”。广东的农业试点基地在清远市，通过新型组织，让村民实现股份制，村委会主任进行培训和普及教育会议，以及利用新技术比如通过物联网技术实现农产品追溯和产品品控等，取得了不错的效果。

清远市试点，采取订单农业的购销贩卖模式。要解决三农问题，就要改变农民的小农意识，一开始就进行当地的品类规划，确定原产地的特色农产品，进行规模化和标准版，建立区域品牌，形成一定的市场垄断，获得定价权。另外，要结合农民组织，而不是单个个体农户，因为个体农民的想法比较短期，容易随行就市，跟风随从。

- 第二站：惠州

惠州有个新锐的生物药剂的厂家，属于三农链条的农资环节。以药肥、菌类为主，通过零售商进行销售，下沉到县或乡，以广东、广西、云南、贵州为主；生物药剂产品具有广谱性，主要依赖植保队伍。新型生物药剂替代以前的农药甚至部分肥料，目标客户有团购大户，也有专业户，各地包地，统一购买农药，一个是确保质量，一个是会有赊销。这种产品比较适用的种植一般以经济作物为主，瓜果蔬菜。

最佳的模式是结合农业全生产过程社会化服务，比如浙江的兴安植保，以草莓为主，整理出一套围绕草莓的种苗、化肥农药、农机具（小型）、农技服务、质保服务和金融服务等系统的对外输出。普遍而言，300~500亩最赚钱，规模太大，社会化服务不一定能够最低运营成本。

- 第三站：三农产业公司

三农产业公司，运作产业模式以桑蚕丝为案例。以大户为主建立合作社，先租地流转，再雇农户进行种植，桑叶和蚕种统一提供，然后农业公司建设蚕丝加工厂，为蚕农提供加工服务，5年后送给农民合作社。这种产业模式，是很好的产业扶贫的方向。

广东是贵州的对口支持省，所以该企业在贵州省进行三农投入。而贵州省，土地没有污染，海拔800～3000米不等，那里的蔬菜运输不出来，只适合就地农村－城市直连进行消费；但是却适合中药材种植，类似半野生，药效好，不存在重金属超标。这样的产业链基础，先整合药厂的药材贸易和中药饮片厂家，可以用采购订单入股，实现中药材种植产业链；在地头进行初加工（提纯或者炮制饮片）—厂家仓库/流水线；前端实现符合GDP的标准化药材种植园，后端实现中药材的新经销模式，改变药贩子—厂家的经纪人模式，打通药企—批发市场—经销商/经纪人—种植基地。最终，通过产业链，强化提升品质和药效，提高农业生产效率。

● 第四站：三农基金投资公司

广东的三农投资基金或公司十分活跃，我们来看一个农业投资公司的案例。该公司与政府紧密合作共建模式是：土地所有权（林地）＋农民确权＋农业公司，组成土地资源管理公司，投资公司只占10%股份；投入主要在土地平整、灌溉系统（滴灌），进行种植管理和服务；而在销售端，建立订单农业，与餐饮协会等通过远期订单入股，按订单规模占股，组成订单管理公司，通过订单农业进行区域种植规划。同时，进一步打造农产品的权益产品：数据化土地的投入价格，锁定订单农业的价格，设计成权益凭证，打包成信托的资产包或者P2P理财产品，年化10%左右。

该投资基金在产地的合作，唯一的条件是：所有的交易都在平台上，产生数据和建立信用。而投资公司作为财务投资，参股或换股本地农企，不超过10%～15%。通过建立农业产业基金，利用广东与香港的优势，该公司在香港成立基金投资公司（1个亿，300个股东/50万港币），6～8个月进行IPO，再挂牌发招股书，进行募集资金，通过二级市场进行股价拉动、定增、增发等吸引更多的产业资金，最后进一步运作到海外基金来收购。

大型企业进军农业和扶贫，可以不只是停留在捐款扶贫，还可以进一步寻找好的渠道去行动，实践出好的持续的扶贫模式，从而实现城市商业与农村农业的融合。

5 农业供给侧的去产能

虽然现在农产品的产量很大，但当产融课题组开始优选符合品质标准的农产品时，会发现有品质的农产品少得可怜。课题组也在思考：农业要不要去产能?

一提及这个问题，很多不同的意见。一派认为要继续加强产能，有的人认为国内的农业还没有实现规模化和自动化，有的认为按人口算产量还是第一，只有产量无法大规模提升的时候才会考虑质量，有的认为没有规模就没有商品化等；一派认为要去产能，有的人说先把劣质产能去掉，有的说在解决吃饭的问题前提下去产能，让土地轮休和平衡，有的说必须去产能等。

我们先来看行走中的案例：

首先是山西的苹果。某产区，地方政府通过行政命令扩大苹果的种植规模，扩大苹果的出口贸易公司数量，扩大加工物流园区，典型的扩大产能。这导致一些问题，一个是追求产量，没有产品分级标准，价格上不上去，而且被销地批发拉走销售，产地只有一个很低的收益，迟迟不能建立起当地的品牌，即使有地理标志品牌也没有建立品牌影响力；同时，盲目扩大出口贸易公司数量，导致出口苹果最大的是向东南亚的低端苹果出口，高端的美国澳洲等非常少，长期形成的低端产品出口，导致一个扭曲的现状：价格低、无品牌、次级品，销售的大多是小果、次果，这些对于产地的苹果产业带来了极其扭曲的引导。

其次是苹果的产区。某产区，大的农业公司的苹果庄园，几千亩的种植面积，都采取矮化密植宽间滴灌的技术，规模化和机械化，水肥一体。这似乎是一种先进的产业规模种植形式，可以有效降低成本和提高产能，矮化密植的苹果一年挂果两年就可以卖钱，而传统的果树要3~5年才进入盛果期。而很多区域仍然沿用传统的种植方法，原生态的大株果树，老法的修剪、家肥培植、河水灌溉等，还是古法和老树。甚至产区内，还能找到几十年还在盛果期的老树，甚至还有近80年的苹果树。这种略低产量的老树老法，口感比矮化密植的果子，还是略有不同。

另外是猕猴桃的现象，前几年猕猴桃的价格一直不错，也有类似新西兰佳沛、联想佳沃等产业公司的成功案例，所以除了传统的猕猴桃产地如四川、陕西、贵州等地，这两年全国各地在到处上猕猴桃种植项目，各地产量越来越高。这极可能又会出现一波果丰贱农的现象，因为产量过大、竞争加剧，导致价格下跌，势必再出现一些砍掉猕猴桃的反复现象。

以上的案例虽然不能代表所有产能带来的问题，但已经可以看出，高产能带来的可能是高库存，可能是价格竞争，可能是无序发展，往往丰收了却引发贱农，这就是产能不合理的问题，目前农业到了产业化、品牌化的阶段，而不是盲目提高不健康的产能。

如果不能把农业形成合理的产业化，农产品形成合理的品牌效应，而是盲目的提高产能，反而是放大了产能模式的不健康，导致对土地、人力和投入的浪费。所以，不要再盲目扩大种植规模，而是去产能，尤其是去劣质的产能和不健康的产能，不要高产出来的都是低端劣质的农产品。

有效提高效率，提高毛利率，提高品牌溢价，这才是高品质产能所需要关注的，宁肯当前损失一点产能，去掉一点低端产能，也要投入培育部分高品质产能。这就意味着去产能和提升高品质产能是同步的，需要从育种开始，到种植标准、水肥植保，到机械收获处理等，都要有这样一种思路，这也是智慧农业的基础。

6 乡村旅游发展

随着中国城市化进程的深入、大众旅游的高速发展以及私家车的广泛普及，乡村旅游正在吸引着越来越多的游客，一场由市场、资本、技术和乡村社会共同推动的旅游与农民、农业、农村的融合正在加速进行。乡村旅游发展的过程，是城镇居民消费升级、旅游休闲日渐常态化的过程，更是乡村社会由传统农业为主体的产业升级过程。

2018 年《中共中央国务院关于实施乡村振兴战略的意见》中，将乡村旅游作为实现乡村振兴战略的重要领域写入中央一号文件。文件对乡村旅游作用的充分肯定给业界带来了极大鼓舞，同时文件中对乡村振兴战略做出的全方位部署，也为乡村旅游发展提供了制度、人才、资金等方面的政策支持。乡村旅游发展将顺应乡村振兴的潮流，带来源源不断的新动能。

（一）乡村旅游产业的发展方向

乡村旅游作为农村经济发展的新兴产业，可以带动农村剩余劳动力的有序转移，促进农业产业发展和农村经济快速增长，缩小城乡差距，实现社会和谐发展。中国文化旅游产业研究院基于在乡村文旅领域的研究和实践，着重给出了发展农村旅游业在乡村振兴战略中的重要意义和开发方向：

1. 乡村旅游产业的重要意义和价值：

● 调整和优化产业结构，发展农民人口就业的三产转移，促进精准扶贫。

● 促进农副产品的本地消费，结合文创开发伴手礼，提高市场价值，为农民增收。

●促进农村自力更生，减少国家对农村的扶持资金，增加农民支配性收入。

●促进城乡统筹，增加城乡之间互动，提高农民素质。

●保护和传承农村文化，形成新的文明乡风和乡约。

●保护乡村生态环境，实现“村容整洁”的目标。

●提高当地农民的民主、法治意识，实现“管理民主”的目标。

2. 乡村旅游产业可以开发的方向：

乡村旅游产业的开发，突出以农为主，结合旅游和文创，有效地将农业产业与旅游产业相结合，以农村自然、人文景观为旅游资源。

●田园综合体，现代农业、田园社区、自然风光、休闲旅游等。

●民俗风情旅游，主题文化公园、民俗节日、民族风情特色旅游等。

●农家乐旅游，自然田园、生态农产品、采摘体验、民居民俗、餐饮娱乐等。

●村落乡镇旅游，美丽乡村、传统民宿、古村落、特色小镇等。

●休闲度假旅游，假日休闲、康体健身、家庭度假、文化休闲等。

●科普教育旅游，学生科普教育、植物动物博览、文创加工DIY、农业劳作体验。

●回归自然旅游，自然风光、徒步旅游、亲子游、户外运动等。

近年来，休闲农业和乡村旅游的发展，有效激活了农村的闲置资源，正在成为农村经济发展的新引擎。据不完全统计，2017年我国休闲农业和乡村旅游各类经营主体已达33万家，比上年增加了3万多家，营业收入近6200亿元，2017年乡村旅游投资5500亿元，增速42.6%；整个产业呈现出“井喷式”增长态势。而中国旅游业资金流入业态前三位：文化旅游（6593亿）、生态旅游（5717亿）、乡村旅游（3856

亿），这意味着乡村旅游还有更大的提升空间。

（二）如何解决乡村旅游的融资难问题

在乡村旅游发展过程中，融资难一直是制约乡村旅游发展的一大难题。当前乡村旅游融资一直存在着很多突出问题：中小企业和农户缺乏抵押物，市场主体散弱，还款能力不强；而金融机构的贷款门槛高、程序复杂，融资信息严重不对称。

在国家政策上，相关部分陆续颁布了《关于推动落实休闲农业和乡村旅游发展政策的通知》和《关于展开田园综合体建设试点工作的通知》等文件，在鼓励休闲农业和乡村旅游发展的同时，要求各地争取尽快制定实施含金量高、操作性强的政策文件，推动中央各项政策的落地生根。在财政政策上探索采取以奖代补、先建后补、财政贴息、设立产业投资基金等方式加大财政扶持力度。要创新融资模式，鼓励利用PPP模式、众筹模式、互联网+模式、发行私募债券等方式，引导社会各类资本投资休闲农业和乡村旅游。在金融政策上推动银行业金融机构拓宽抵押担保物范围，扩大信贷额度，加大对休闲农业的信贷支持，带动更多的社会资本投资休闲农业和乡村旅游。同时，中央财政从农村综合改革转移支付资金、现代农业生产发展资金、农业综合开发补助资金中统筹安排，支持试点工作。

围绕融资难的问题，中国文化旅游产业研究院结合国家相关政策的研究和具体的田园综合体、乡村文旅的项目时间，从融资方式、融资担保、融资信息等方面都有很好的建议。

1. 乡村旅游的融资可以通过以下方式：

一是“跑钱”——积极争取国家和省市支持；

二是“借钱”——加强与金融机构的合作；

三是“引钱”——加大乡村旅游项目对外招商引资方案；

四是“融钱”——充分利用资本市场融资；

五是“兑钱”——创新模式盘活资产；

六是“汇钱”——引导当地群众投资；

七是“挤钱”——加大地方政府投资力度。

2. 针对融资方面的突出问题，乡村旅游融资可以从以下几个方面入手：

一是加快农村土地资产确权，成为旅游开发最重要的贷款抵押物；

二是进一步扩大农村贷款抵押物范围，丰富乡村旅游融资抵押物类型；

三是推进各类乡村景区点、旅游经营户预期收益折算抵押；

四是以政府平台拥有财产作为乡村旅游扶贫开发贷款的抵押物。

3. 乡村旅游的融资主体需要提高乡村旅游主体的合作化经营和还款能力，具体方式包括探索成立乡村旅游合作社，壮大信贷主体；提高乡村旅游主体的合作化经营和还款能力。加强对乡村旅游经营户的金融知识培训等。

4. 乡村旅游的金融机构，针对性开发乡村旅游和旅游扶贫信贷业务既可以增加自己的业务范畴，又可以为乡村旅游主体提供定制的金融服务，比如降低贷款门槛、简化贷款程序、增加对贫困村（户）的免息或低息贷款、适当延长还款周期等。同时，涉农的金融机构还可以通过利用乡村旅游经营户信用评级信息针对性贷款、遴选乡村旅游投融资优选项目重点支持、编制乡村旅游信贷业务手册等方式，缩小金融机构和乡村旅游融资项目、主体之间的信息鸿沟。

第三章

CHAPTER THREE

数据

农业生产的数据大部分是围绕产量、种植等的统计数据，还缺少真正的大数据。这并不是说不可以做，只是说明相对于工业经济和服务产业，农业总是容易被遗忘的领域，在大数据方面，完全可以凭借IoT和大数据的技术普惠性而获得很好的赶超机会，略晚于工业经济的时机，进行农业大数据的建设和普及。

第一节　农业大数据的规划和实现

国外的农业大数据多是以卫星遥测入手，因为国外的卫星遥测数据是开放和标准化的，所以国内的农业大数据，很多也是从卫星遥测和各地的气象数据入手。虽然建立起了农业大数据的基础，但是由于国内农业的产业化程度不够，农业保险等产业服务还并没有商业基础，导致这种以卫星遥测切入的农业大数据，一直找不到价值实现和落地的场景，成为一种好看不好用的“海外西洋镜”。

从数据源来看，国外的农业大数据依托于专业化和产业化的农场，数据源不仅仅限于卫星遥测，还增加了更多的数据源：卫星遥测的数据精读在 5 米左右，专业无人机的数据精度在 1 米左右，而小型的植保无人机拍摄数据的精度在 3 ~ 10 厘米。数据源越来越精准和多样化。

从实现上看，国外的农业大数据，基本上都会充分利用卫星数据、气象数据在谷歌地图或谷歌地球的基础上进行数据计算分析、可视化展现和深入开发，这些数据主要用于农作物产量监测预测、种植面积规划和分析、农产品保险精算定价等；国内有些机构做的农业大数据，则是依托于种植、现货交易等数据，进行产量、价格的动态行情分析和展示。

从数据采集上看，农业大数据可以利用的工具越来越多，除了公开的卫星或者商用的卫星、geo 数据采集之外，还有公共部门的无人机、植保无人机，用于农业生产的机器人，农机上的新型数据监测和采集设备，各种摄像头包括农田、大棚、农机和无人机上的各类不同精度和技术的摄像头，各类传感器尤其是智慧农业中无处不在的传感器，还有各类滴灌设备也可以用于数据采集。

从农业的应用场景来看一下农业大数据的发展，我们可以从数据的背后来看农业大数据的发展路线：

一是卫星遥感测绘，卫星数据和气象数据，综合各个产地十几年的数据进行计算分析，可以对农作物产量预测、病虫害预测等提供参考；

二是土地数据，除了卫星遥测的土地数据之外，再基于各地的土肥站数据、测土配肥和水肥的推广数据、土地平整和滴灌设备的数据，可以建立起相对完整的土地数据，在生产和植保过程中通过无人机等工具采集补充；

三是种植数据，这个主要是通过农业生产全过程的田间管理服务、托管服务等采集种植数据，包括种植品种、生产工序、施肥施药和采收等数据；

四是植保数据，围绕植保的农技、农化、农机等数据；

五是无人机数据，通过飞防无人机在授粉、施肥施药、植保、病虫害检测等过程中采集的农作物监测数据、植保数据，以及对病虫害的预测、产量预测分析；

六是农产品数据，通过智慧农业的摄像头对农产品成长过程的监测，在采收后的分拣检测（果型大小、甜酸度或淀粉度、农药残留检测、金属残留检测等），农产品箱垛物流跟踪，农产品的电子标签或RFID 等数据；

七是电子商务数据，农产品电子商务的交易、销售数据；

八是社交数据，通过对社交媒体、互联网的农产品相关的大数据，以及吃货消费者的碎片化数据，还有大小农户、农机手、飞手等的众包数据，采集大量分散的碎片化的大数据；

从产业化角度看，农业大数据的核心是能够抓住几个关键数据：资产和交易的数据。资产，主要是土地和农产品的数字资产；交易，主要是农产品交易的商流（订单和资金）、物流（产品和库存）和信息流（品质、生产、标准）。只有抓住产业化的关键数据，才可能有价值变现的落地场景。

农业的大数据一定要结合农业的实际应用场景来采集、利用和算法分析，也就是要让“量”大的大数据变成“厚实”应用场景的大数据。现在的农业大数据大多是从数据源入手，比如天上的卫星遥感、地下的土地设备等，但缺少实际的农业应用场景，导致数据很难直接进行价值转化落地，农业的大数据不只是天上的、地下的能够解决，更关键是地面部队，地面推进。那么，农业大数据有什么价值呢？又有哪些价值变现的场景呢？

农业大数据是可以利用卫星遥感、气象和土地等数据集成天气、病虫害、成长监测等到种植管理计划中，并能够进行作物产量和生长趋势预测。从农场的规模化和自动化产业运营的角度看，农业大数据是可以结合自动化农机、IoT的智慧农业等进行辅助决策分析。

通过大数据分析和预测，可以进行农产业的产品创新和垂直市场的深入开发。以大数据来支撑农产品的品质控制和种植生产等数据与农产品零售和食品零售的数据交换和追溯。基于大数据来进行农业的一二三产的价值链整合，谁先掌握更多的大数据谁就更容易建立产业链的首发优势。通过丰富和全面的大数据来支撑农产品品牌的打造和IP化。

在国内，农业大数据不是一蹴而就的，它要结合农民和农业的实际情况来展开，可能要经历5~6个不同阶段：

1. 农业阶段，当前相对比较粗放的小农经济。

2. 智能农业，开始使用部分自动化的农业机械、局部的卫星气象大数据和物联网设备等实现的局部智能农业。

3. 在线的智能农业，智慧农业已经可以将智能设备和数据相互连接并在线，可以互通和算法分析决策。

4. 智慧农业系统，通过云端 + 智能设备 + 农机等实现了云端的智慧农业运营系统。

5. 开放型智慧平台，通过开放接口将云、智能设备等开放给各个农业节点和厂家，实现云端或区块链的分布式智慧平台。

6. 大数据产融平台，结合场景精练的大数据和交易闭环、产业闭环以及金融服务平台，实现农业的大数据产融平台。

通过这些不同的阶段，结合实际的农业生产和运营，最终农业大数据才可以实现三农产业链内的协同和数据交换。当然，国内的农村还没有完全实现智能手机和智能农机，也没有实现标准化和规模化的农场或基地，而农场和农产品的交易平台也没有完全实现，这就意味着农业大数据的道路还很漫长。

第二节 农村数据的采集方法

农村数据的采集比较特殊，不像工业经济有大量的数据采集点和采集方法。农业数据可以依靠智慧农业或者部分产业化的设备实现数据采集，而农村数据的采集往往需要依靠农村的村店或者村终端设备来采集。产融课题组在乡村行走的过程中发现在大数据方面“三农”是比较空白的，深切体会到建立农户的个性化档案的重要性，比如一个农户的土地面积、所用化肥、农药、土地土壤、种植作物类型、农产品等，都是一个农业大数据的基础。这方面，西南西北省份的扶贫云做得不错，已经为每一个贫困人口（大部分是农户）建立了详细的一对一的档案。

产融课题组在乡村走访中遇到一家村店，店长是年轻人，算是农二代。年轻人的思路活跃，聊起了农户的需求，除了从事农业生产的刚需：化肥，还有农药、种苗和农机具等，这些占到农民需求的 30% ~ 40%，还有日常的消费品如粮油食品，偶尔会有大件消费比如手机家电摩托车，在文化娱乐方面，文化站会下来一月一次放电影（别笑，这真的是农民的文化生活，你可能不能想象），便民服务如交电费、充话费，其他的娱乐比如买买彩票；而这些，基本上也是一个村店的主要经营品类了。从这个角度来看，村店的确是采集农村数据的一个有效终端。

在农村里，数据采集往往与推广相结合。而在农村最有效的推广方式，主要是：地推、宣传页、宣传车子、微信微信群。既有传统的宣传页和车身广告，也有新时代的微信和微信群，这可能就是农村市场的矛盾之处，完全用传统思路不行，完全用互联网思路也不行，要寻找最适合的模式来进行推广和数据采集。

现在的农民也面临消费升级，大部分手里都有钱，在消费方面也开始看重品质和牌子。所以，每一个品牌都不能忽视农村市场，当你觉得农民还没钱还没有品牌意识的时候，别人已经进去把市场占住了，比如拼多多。

产融课题组走访的另一家村店，原本是从事村超市的，增加了农资销售。由于食品安全的要求，进行了隔离，便民服务和食品超市一间，农资的化肥农药一间，同时提供增值服务：电信代办 + 充值缴费 + 手机 + 彩票。店长也是年轻人，说到村里的沟通方式也是：微信群、QQ

群，每个村都有微信群。他的建议是，选择村店的人选，要找“年轻人+父辈”的组合，最好父辈是种植能人或者有威望的，年轻人要接受过高等教育，这样结合是最好的；而服务点要以服务导向，而非销售导向，不能只是想着卖化肥；农村高频一些的需求就是农技服务、文化娱乐，这些方面来提高黏度；这些建议也是非常中肯。

围绕村店的终端，如果再能够增加类似智能POS机、村店单店系统、村微信群平台等设备和工具，是可以更有效地采集到农村的数据。

第三节 农村数据的采集渠道

农村的推广离不开渠道，比如农资渠道、农机渠道、农技服务渠道甚至商超批发渠道。这些渠道，也是农村数据采集的有效渠道。围绕渠道，产融课题组从乡镇农资服务商来走访农村的渠道数据。

因为是乡镇，产融课题组走访的是乡镇上的合作伙伴和合伙人这一层面的，毕竟农资农产品的上下行需要乡镇这一级进行中转、集配，而社会化服务和地推也需要乡镇这一级进行服务和落地。在进行三农转型时，不是要用电子商务把中间环节去掉，而是要带动这些中间环节一起进行转型，把产业链的效率优化起来。

除了乡镇的合作伙伴的仓储和运输配送能力之外，这次特别走访了几家农业的渠道“江湖人”。其中一个是云农场，云农场有常驻合作伙伴的人员，在乡镇上有两个地推人员，做业务走单操作，在村级没有联络点。结算上，先通过云农场平台进行收款（代收），然后T+1/T+2给到合作伙伴，云农场平台留3%服务费，在合作伙伴完成指标业绩后再返还 2%。

云农场的推广方式主要是：促销、送礼品，地推人员在下村收款、施药的同时配送产品，同时云农场有统一的农技师提供农技服务，比如测土配方、种植、农药等，农技服务包括当地的农技师和统一的电话咨询。现在，云农场主要在主推测土配肥的服务。

另外一个是农医生，农医生是农技服务方面，目前主要在做公益宣传，进行农技讲座，为老百姓解决问题，村级点有简单的设备进行测土，进行取土后土样送到县城转农技中心进行测土，然后提供农技服务指导等。农医生有 APP，通过 APP 可以拍照咨询和远程指导。现在农村的智能手机普及率逐步提高，基于移动 APP 的社会化服务也开始具备条件。

在社会化服务方面，还是要依托于本地经销商。本地经销商除了代理品牌产品之外，还有贴牌加工化肥（复合肥的制作工艺并不复杂），但质量不过关，效果差很多。

农化服务方面，开始流行测土配肥套餐，是一种“土壤 + 厂家 + 种植产品”的解决方案，结合作物和土壤的情况，进行“化肥 + 氮磷钾 + 叶面肥”等的配制，从而提供有针对性的作物套餐，提高产量。当然，这种测土配肥的服务，要结合培训和村级网络点进行推广，尤其是大户带动小户，不是简单推销。

在另外一个县，农资渠道商充分地利用了闲置的旧粮库。这些粮库改造成为自营仓库存放化肥：差不多存量为 40 吨，20 吨一个堆头，一层 5 袋围圈叠放，最小单位是 0.5 吨，堆头是 20 ~ 40 层。当地化肥生产家比较多，产品比较分散，集约化比较弱。一般推广和宣传方式也是：宣传单页、会议营销、推广会。

农药的渠道下沉比较深，区域价格差异大，销售模式是大户赊销、散户现金。村店一般是村里的人多年经营，不会倒闭。村级网点，一个镇4～5家或者10家村店，有些村店就是村里的杂货店，很简陋。

我们在店内访谈的时候，一位六十多岁的老大爷来买种子和化肥，他的手机是个老年机，没有银行卡，从怀里掏出一堆百元票子付款，付完钱又装回怀里，小半袋青豆种子200多，一袋化肥100多，来一趟300多块钱花销。

从这些生存在农村市场的渠道商身上我们看到了农村的巨大提升空间，也意识到不是整一套先进的大数据系统就可以覆盖和升级农村市场的，而是要脚踏实地地进行。

第四节 农村新型经营体系与生产数据

农业生产的数据从农民个体采集比较难，需要依靠农业生产经营体来进行。除了已经产业化的农业企业之外，农村的新型经营体，可能合作社是最普遍的，但不一定是最有效的，其他的比如农场、基地、农业公司，也各有优劣和适应程度。而对于各类农村合作社，常见的是种植专业合作社、农机专业合作社和资金互助合作社，这些合作社把农民聚合在一起，实现小规模的集约农业生产，从而可以集中地采集农业生产数据。

作为农业生产的主要经营体模式，大部分农村合作社不是直接到村的基层社，而是建立了三级体系：省市运营中心—县级服务中心社—乡镇服务专员、体验店—村社、社长、理事—社员；理事一般是现在的大户和未来的农场主为主，有大型农机具和规模化土地；而社员的价值体现在：省钱、省心、多卖钱；对于社长理事的选择，一般会选择村干部、有一定规模土地和农机的大户、想成为农场主的人，这样才有执行力和影响力。

种植专业合作社，需要紧紧结合整个产业链的规模化和产业化，比如上游的生产资料，中游的生产服务、农技、农机、金融，下游的农产品销售和深加工，通过重构农业的产业链与生产模式，带领农民或者散户打造产业链服务平台。而合作社的核心是土地和人，土地已经可以确权入股，但规模化并不是越大越好，而是要适度规模化。目前，东北是500～2000亩，南方是100～200亩，实际上合作社的组合是要通过农户（农场主）来倒逼农业的产业链整合，同时实现农业生产的标准化和数据化。

在农村，组建合作社并非一帆风顺，因为当前农民的生存条件和环境已经发生变化，年轻农民一般选择外出打工或者做生意，农民工进城的大背景使留在农村从事生产的农民大部分是中老年人，按他们的话说：再过十年，不用流转，免费送你种！

很多合作社是基于粮食收购商组织建立的，因为粮商有效解决了种植玉米的农户的粮食销售问题。但走访县中心社的时候，了解到大部分农民岁数比较大，不会用电脑，要由村里的社长或理事代办；不过由于智能手机的普及，他们建立了大量的微信群：乡镇服务专员群50人；村社长/理事群，几十个群，1000多人；每个村的群，若干，平均一个群100～200人。

产融课题组在那里看到了厚厚的社员档案，都是纸质档案，有身份证和照片、家庭人口和土地情况，工作人员正在将纸质资料输入到电子表格。这里的农村情况，种植作物以玉米为主，占到70%～80%；而中心社的社长的粮食收购量为20多万吨，主要送往中储粮，为整个县总体200多万吨的十分之一；村社推广时的主要宣传优势：企业品牌背景、县里粮商的实力、看人，人要正直。另外，在农村宽带资费上，现在县里是光纤入户，680元/年。

在生产方面，农机是目前比较大的需求，而农机需要集中采购和申请农机补贴，这是合作社的主要工作之一。同时，合作社在用一款适合玉米种植的土壤调节剂，价值80元的卖30元，相当于打爆款来进行聚粉，实际上也是在采集农民的需求和数据。

农机需要的资金比较大，而农村的贷款需求很大，目前是1分2、1分3的日息，主要资金来源：民间借贷和农商行。传统涉农银行的农民贷款是很难的，上来就要求抵押或者担保，农民在信用方面又是白户，能够贷到款谈何容易！种植玉米的社员农户贷款需求，一般为5万，目前只能通过合作社的内部担保，社长担保或者小组联保。而作为粮食收购的事业伙伴，粮商的收粮资金一般为自有资金，也缺少合适的融资方案。这些金融方面的数据也需要及时采集和设计满足。

有些县的合作社推广，是依靠生产资料之外的资源整合，比如用大米、豆油等直供作为社员权益；每个片区，每个屯30~40户，团队管理地推，社长+理事都发展到位。合作社的关键是打造样板田，用合作社的农资、农机和农产品销售，结合合作社的全套产业链服务打造的样板，从而吸引其他农户入社。

社长组建农机大队，购买农机具的贷款需求，20~30万/台，目前与宜农贷等金融机构合作农机贷款，2分3的利。当前土地流转，一亩地500元，10亩5000元，土地抵押，出现风险则土地经营权流转到担保人；农民的资金需求，20亩地，需要1万元；100亩地，需要5万元。这大致是种植玉米的基本需求。

合作社在农村金融的可能性，可能要分几块：贷前是社员会费，500～1000元，建立一个小的资金池实现风险基金；贷中是社长互助，进行线下熟人监测风险；贷后是社长担保，风险缓释为土地流转转租社长/理事；而额外的是服务专员和社长的吸储理财等功能。

我们可以看到，不同的合作社有不同经营模式，所以它的农业生产数据是不一样的，有的是从种植入手，有的是从收购粮食入手，有的是从农机入手，有的是从资金入手，分别有不同的侧重点，这需要我们差异化对待。

乡村振兴行走案例

7 村级服务站的数据

产融课题组趁着夜色到了郓城，大街上到处是农村淘宝的招牌广告，一路上看到多家农村淘宝或者金正大的农商一号的门头。郓城走访的是农村电子商务的村级服务站和体验店的模式。通过一年多的运作，这里已经建立了良好的村站体系，首先是中字头的大品牌，农民还是比较信任供销社、中农这些老品牌，通过村头的一个体验店可以进行品牌强化；通过村店，进一步拓展社员卡，村级合作社的社员入会要办理一个实体卡，实体卡有归属感，是不是要有一个身份的感觉呢？

在体验店里，不只是简单的线下现金买卖，有一个标配的POS机，打印出小票，这样给农民一个标准化的信任感，小票是一个销售凭证，有了质量问题可以退换，所以看到过有的农民将小票和小红本现金叠好了包起来揣进怀里，这也说明我们的农民兄弟很纯朴。

在这样的村店里面，平均一个注册社员的ARPU（平均用户贡献值）

在230~2000元，相对而言，农资还是农民的刚需，单价是高于小超市或者杂货店的日常消费；而在村店里面积分要简单有效，兑换的最好是日常消费品，比如一桶油、一袋米等生活必需品。当然，村店不能只靠农资销售，毕竟一年就一两季种植需要农资，所以就需要考虑其他高频服务的扩展：比如金融产品、赊销、种子农药、配套设施、农机具服务等。

这个村店的店长是一个年轻妈妈，在外面读过大学回来，结了婚有了小孩就没有再出去打工，店里还有位老人是她的父辈，村里的种植能人，很憨厚，满是沧桑痕迹的手里拿的也是智能机，请他给我们看看，我看到了智能手机上微信和游戏赫然在目。据他们说，村里都有微信群，有啥事都在里面喊一嗓子，其他的都是打打游戏或者与子女孙辈微信说说话。

站在门外，看着空荡荡的村落，看不到年轻人，只是偶尔有几位老人或者小孩子在街上走过，也很安静，没有大城市的喧闹，似乎也少了那种鸡鸣狗叫鸭吵吵的热闹。

第二家村店，在村头上，不像第一家在村里面。旁边是烟火爆竹专卖点，倒真是应景；而不远处各家平房上的一垛垛的玉米，还有墙上刷的标语“移动4G一天一元轻松事”，门口停放的是一辆五菱宏光；而一辆三轮摩托车突突突地从身边过去，摇曳进村里了。

从几个村店走访出来，到了县里的合作伙伴。合作伙伴有仓库，也有配送站，现在的流程是县事业伙伴预付20%~30%，农资发货到县级仓库，配送站下单后进行发货，下单的时候会搭配销售。而农村的物流配送，还是要依靠落地的社会化力量：县的仓库中心，合作伙伴的自有物流可以到村的仓库，这些都有库存系统进行简单管理。

虽然处处可见农村淘宝和农商一号的招牌，但农村电商还是有很大的阻力：对于农民而言，智能手机投资比较大，一般不会绑定银行卡，而且网上东西假货多。这对我们也是一个启发：以后做三农产业链和农村金融，要不要先为入社的社员每人发一台智能手机呢？尤努斯的小贷先帮忙建个厕所，中国的三农金融先送农民一部智能手机，有了智能手机，他只能被“智能”潜移默化地推动着，如果只是老年机则真的只能老年养老了。

8 农村的供销合作社

乡村行走，必须要说一下农村供销社在电子商务和农业大数据的尝试。

产融课题组行走到湖北，武汉是湖北的省会，农业布局自然要先从省的层面考虑。所以这一站走访的是湖北裕农，裕农是一个稍微特殊的合体，它的组成是：省供销社占60%，怡亚通（供应链管理公司）占20%，然后有其他合作伙伴占20%。这样一个合体的农业公司，建立运营了湖北省近2万家信息化网点和10个二级运营中心，主要的方向：一个是基于供销社原来的日用消费品店和再生资源店，进行现有的信息化改造；二则是与建设银行合作，在手机上通过STK模式打造“裕农通”产品，可以实现存钱、取钱、转账等功能。

官方数据显示：“裕农通”助农金融服务自2014年10月正式启动以来，已推广到湖北省15个地市、61个县市以及武汉市六个新城区；全省构建“村口银行”5000余个，覆盖50%以上乡镇、20%以上行政村；累计办理助农金融服务超过14万笔，辐射近百万农村居民。

在裕农公司的交流中，对当前农村金融的现状也进行了探讨，作为农村金融的主体——农信社而言，最大的问题是个人授信比较难；而裕农通不是对个人而是对村级店进行授信；建设银行通过裕农通对村级网点的电商交易进行补贴，补贴毛利的25%；同时，通过裕农通培养农民用卡的习惯，提高网点业务覆盖率。

裕农公司的电子商务叫裕农购，采取的是与B2C电子商务不太一样的分销模式，即：基本价—区域价—村店价格；裕农网与二级运营中心（区域）进行结算，给运营中心两个月30万的账期，通过爆款产品、跨境产品的分销代理，来提供运营中心的收益；对村店网点进行ABC分类，A类裕农生活馆、B类、C类村级网点。县级运营中心负责仓储配送地推和服务，网点订单—汇总到二级运营中心—裕农网下单；而进行存取款和转账、支付功能的手机裕农通，采取的是SIM卡的STK模式，菜单功能，短信加密，手机通过STK菜单发送加密短信到裕农机房，通过专线到建设银行，确保安全。

从裕农公司出来，顺便拜访了省供销社的湖北事业合作伙伴体系。在前几年，供销社合作伙伴推广中小型农民合作社，很多时间内就推广注册了上百家合作社。但是，组织起农民合作社后，一直缺乏后续的服务：涉农政策如何沉淀到一线？合作伙伴的持续性如何确保？这是他们提出的最尖锐的问题。

同时，三农最关键的是地推的最后一公里，而相对现在的供销社体系，国有养老机制，人员素质不是很高，而且普遍年龄偏大，这也是比较头痛的问题；同时，省市县的供销社分别隶属于当地政府，而不是一个自上而下有机的企业体系，导致落地问题严重。

而最容易忽视的是，农民是弱势群体，没有保障，而且当前的赊销情况还是比较严重。那如何帮到他们呢？除了必需的农资农机的价格、促销，是否还可以有农化服务、植保培训、田间指导？帮助他们省工，降低种植成本。

虽然老的供销社体系逐渐退化，但新的力量不断进来，比如湖北的某个电视节目：垄上行，利用农村文娱节目和赶大集的形式建立起来的农民口碑，居然打造成了火爆的农村流量入口，并进一步整合了农资农产品的产业化。

9 农村的基层末端网络

产融课题组在乡村行走中感觉到，当前农民合作社的形式已经不能满足现在的三农发展需求，结合具体的走访，我们来走进基层农村详细看看具体的数据。

以内蒙古的一个区域来看，某个盟（县域）的中心社是一个商贸公司转型组建的，一共23人办公，同时有分布在各个乡镇的乡镇专员88人，涉及总体面积973.5万亩，160万人口，当前农户的种植类型：玉米、大豆、马铃薯、绿豆。

该合作社自2014年7月7日启动，在基层主要是发展种植大户+基层社社长；县中心社通过大大小小的农民推广会进行会议营销，以一款特别受欢迎的土壤调理剂为爆款，零售价110~120元（80斤一袋），入社享受90元会员价，吸引农户注册入社。

在推广过程中，通过推广会总结了农户提到的一些问题：农户对贷款的需求，尤其是流动资金或消费资金的需求；农机补贴的及时性或者申报的问题；除了主打爆款农资产品之外，农户所需要的其他产品导入，比如农药、种子等；解决核心的粮食收购问题。

在2015年春耕时节，县社组织了农机站展销活动，总共来了26000多人，组织了农机厂商达18家，最终销售450台农机，合计127万元销售额；这说明迎合农户需求的展销会或者推广会还是有效果的。

其中，300亩以上的种植大户，推广会主要讲政策和补贴，以及推广50亩试验田，通过试验田的对比来说服农民购买农资，一般通过试验田可以很明显地对比出用调理剂或有机肥的比普通种植的效果；推广会的老师，还会组织室内观摩会，自制可以对比效果的透明器皿，可以有效观看到不同肥料的根系对比效果。

组织推广会的时候，培训推广老师的主持能力和宣传能力非常关键，而且要接地气，比如先放个电影，带点礼品，宣讲的时候站在板凳上。一般在内蒙古，土地规模比较大，一个镇差不多要85万亩，这样每次到村的推广会，一定要协调村书记和人大代表必须参加，组织农户到试验田观摩三次，并制作示范田的牌子作为宣传入口，农户在农作时经过试验田就可以清晰地感觉到对比效果。

在农村基层的组织过程中，专业合作社也有很多困惑问题：

1. 在推广下农户入社的速度很快，但是涉及农资、农机或者消费品的供应却需要去对接，导致单品和产品的交替不够，形不成大量的订单订货。

2. 短距离运输是个大问题，因为村与村之间距离比较分散，村里的订货规模有大有小，导致县域的代理商或者服务商资金压力大，运输费用高，对于一包两包的小批量的问题很难解决。

3. 基层社长良莠不齐，要找村民信赖和信任的人，虽然村委会主任、书记或者大户是比较好的选择，但是有能力有责任的年轻农民也是可以考虑的；如果围绕种植大户的标准，那一般会要求：200亩以上，种植大户前5名；年轻化；必须建立50亩试验田。

4. 在村级市场的推广中，如果有3万亩以上的村，这样的大村需要整村推进，从而实现以村带村，如果散户推广，成本和周期都非常高；各地区的需求不同，内蒙古的农户人均土地为100亩，资金需求为3万，差不多300元/亩。

农村的基层是在县乡村这些末端网络，村是农户的最基本社会单元，农场、合作社是农户的最基本经济单元，而推广服务体系的最关键在于县乡村的服务网络。这些数据呈现的情况，启示我们要深入到末端网络，来不断思考如何激活他们。

第四章

CHAPTER FOUR

标 准

现在对农业有个普遍的观点：农产品是非标准化产品，所以农业产业化不好做。但是，所有的标准都是从无到有建立起来的，关键是我们有没有产品标准意识和品牌意识？建立标准的过程，要依赖于农业的大数据，逐步建立起产地农产品标准、品控标准、技术标准、智能标准、品牌标准和平台标准，并基于区块链技术实现上链。通过标准的建立和应用，实现农产品的品牌化和数字化，通过区块链实现产业的供给侧升级，建设一个开放、共享、协同的标准化农业产业平台。

第一节 原产地的农产品品质标准

随着两品一标的建设，各地产区都在以县或乡镇为区域为当地的特色农产品申请地理标志品牌农产品，截至目前已经有2200多个地理标志品牌，但是该品牌大多在县域的协会或合作社下松散的应用，并没有建立起原产地的品质标准体系，所产出的农产品也仅仅是发放授权贴上地理标志品牌的标，品质依然是参差不齐。

原产地的特色在于独特的地理环境、水土气候、历史传统和耕种习惯等，因此会涉及两个核心要素：品种资源的标准和控制，农产品的品质标准。第一个，品种标准，从最适合原产地的品种和品种开发，建立产地的品种资源控制；第二个，农产品的品质，要用数字来说话，围绕外观视觉、检验检测、DNA基因检测技术等对原产地农产品进行全面的品质数据建档，将产地优势与其他地区的农产品通过数据来详细对比。

在此基础上，为原产地的地理标志品牌建立一个数字化的可信标识平台，通过RFID等技术对品种资源进行资产化和溯源，并通过历史产量、农业大数据等预测出基于品种资源的产地农产品产量；再进一步利用分拣设备、检验检测设备、视觉识别AI等技术对产出的农产品进行全面数字化和资产化，并通过区块链进行种植、采收、加工、交易、供应链等环节的上链分布式储存，建立一个原产地的农产品数字可信链。

原产地的农产品品质标准体系中，首先是品种标准。以前的农业种植往往忽略了农产品品种的研发、专利和标准，从而不能从源头控制农产品的品质；同时，品种又往往基于产业的发展不同而有所改良，比如用于深加工的品种与鲜果种植的不一样，它可能要求出汁率、干粉度、果型等不同，还有进行衍生品深加工的品种要求，比如加工为水果酵素、代餐粉、能量棒等的品种改良和研发，都是很关键的品种标准。有了品种标准和申请专利的品种权证，就可以有效地控制原产地农产品的品质和规模。

农产品的品质标准，主要是要将原产地的特色用数字化的方式标准化。比如果型、色泽度、糖度、甜酸比、农药残留、金属残留等可以检测的，还有微量元素、有机成分、营养成分等需要检验的，以及动植物品种溯源等需要 DNA 检测的，都要用数据标准化。有的原产地品牌说我们的农产品花青素比别的地方高，我们的农产品富硒，但是具体高多少？具体富多少？要用数字化的方式展现出来，并根据产地的检测检验，形成一个产地的数字标准。这也是原产地的农产品品牌打造中所需要利用的基础，产地品质标准，是品牌的差异化关键。

农产品的品种标准，大多依赖于研究所或者实验室；品质标准，大多与检验检测部分等进行合作；有一个特殊的标准，是需要市场上的消费者来参与和制作的，这就是口感标准。同样是苹果，虽然从品质标准上，从检测检验的数据上可以分出果型大小、色泽度、甜酸比等，但是好不好吃？口感怎么样？是很难用数据说话的。所以，就需要通过市场上的消费者进行口感的评价和反馈，平台通过积分进行激励口感评价，甚至鼓励消费者对口感好的产品进行打赏，结合口感的评价反馈和打赏建立农产品的口感排行榜，形成口感标准。

虽然口感标准不是基于实物数据，但消费者的评价和反馈也是非常“实物”的数据。原产地的品牌品质，核心是为了建立消费者的信任，因此消费者对于口感的评价和反馈也就非常关键。

不能只用传统的思维方式来建立农产品品质标准，还要用数字思维来建立农产品的标准体系，这也是原产地农产品要建立数字标识的原因。以前都是基于实物用RFID等各种技术来做溯源，但是存在各种各样的问题，比如RFID设备的乱用、农民的信用问题、二维码的仿造篡改问题等，最终溯源成为一种形式。要用一套数字的信用体系来实现农产品的品质控制，标准是数字化的标准，农产品的品质用数字标识和与人绑定的数字可信建立起来，并结合区块链的技术，建立一套原产地的农产品数字可信标准，从而有效的控制原产地农产品的品质和规模化生产。

第二节　智慧农业的智能标准与开放标准

建立智慧农业，关键是全面的利用智能装备和物联网技术，比如传感器、摄像头、智能终端设备等，智能装备比如卫星遥测、无人机、新技术新材料等。相对成熟的物联网技术，在农业的推广应用上也需要一个标准体系来引导，避免盲目和重复建设。

一、智慧农业的农业物联网体系

专注于农业领域的京蓝科技打造的农业物联网体系就分为三个层次：

1. 终端产品层面。比如控制基础设施设备进行灌溉、施肥等基础农业作业的边缘计算终端；提供融入农技能力的智能化、自动化农机；以及用于支付农业服务费的电子钱包或专用智能手机。

2. 核心技术层面。通过物联网设备管理平台管理众多的物联网终端，通过采集到的农业大数据和人工智能技术做出科学种植决策，用区块链及数字支付技术来保证数据和交易的安全。

3. 云应用层面。通过这些终端和核心技术的支撑，形成智能灌溉、水肥一体、无人机植保、农业大数据、农产品初加工服务、仓储服务、物流服务等丰富的云应用。

智慧农业的实时性标准，需要采用多种技术来保障，比如采用边缘计算技术。中心化的传统农业物联网，一旦网络发生故障，终端设备就接收不到指令从而无法进行生产；而边缘计算技术就是确保在从云端无法及时获得指令的情况下，依然可根据现场情况进行生产决策，实现农业物联网应用从集中控制到分布式智能决策的升级。

智慧农业的精准控水减肥，需要类似变量水肥耦合技术等标准。农民往往为了确保产量而过度施肥，而变量水肥耦合技术通过土壤墒情及大数据分析，识别农作物的根系深度和分布，动态调整施肥浓度，根据根系深度、分布，在根系茂密程度的土层施肥浓度高，根系稀疏的土层施肥少，在减少施肥总量的前提下仍然能保证产量和质量，科学种植，提质保量、控水减肥，从而解决了污染问题。

智慧农业的农业生产管理，需要一体化标准。过去的农业物联网大多是独立项目形式，各自数据独立，没有形成真正的农业生产大数据，所提供的灌溉种植方案是“一套方案走全国”，没有任何针对性。这就需要建立一体化标准，采用一个平台多个项目统一管理的设计，所有数据互联互通，无论是现在几十万亩，还是将来的数百万、上千万亩，在一个平台上实现覆盖全国的农业生产大数据，真正做到“大”。

智慧农业的大数据，也需要一个大数据和人工智能学习的标准。基于大数据及人工智能学习技术，智慧农业平台可以对各个地区、各种作物、各种灌溉方式、各地区气象等数据进行演算，与历史数据进行比对分析优化，进而输出适宜本地的特定作物生产策略，真正做到“一县一品一地一方案”，再指导边缘计算终端高效准确的工作，从而相比传统农业生产，有效提升产量和质量。

智慧农业的服务，需要一个线上线下结合的服务标准。农业的推广服务需要接地气，再先进的农业物联网，也需要有真实的线下服务配合。技术再好，农民不会用也不行，这就需要设立或整合农事服务团队，不仅能帮助农民了解和掌握农业物联网服务的使用，也可以通过托管的方式让农业物联网服务直接和农民实际生产相结合。在设施水平允许的情况下，农民可以将生产管理过程完全托管给农事服务团队，实现足不出户坐享收益。这样线下的农事服务团队能够确保物联网服务的有效落地，实现让农业大数据指导生产的目标。

智慧农业的生产所依赖的农机，需要一个自动化、智能化的标准。智慧农业的大数据让农民开始用移动设备管理农场，可以掌握实时的土壤湿度、环境温度和作物状况等信息，大幅度提高了管理的精确性。但这些都需要有智慧的硬件设备来实现，种植中可能相隔两三米远的两块土地，土壤的水分含量、营养情况、农作物的生长情况都是不相同的，依靠智能化农机，可以在肥力高的地方密植，在肥力低的地方稀植，还可以更换种子品种，这些作业都是随着播种机的行进自动完成的。

这些实现精准农业的智能化农业机械，通常安装有卫星导航系统、自动驾驶系统、计算机设备以及必要的传感器，通过一套自动化智能化的标准来“理解”土地和农业大数据的分析和决策并准确地执行。同样，基于这样的“标准”语言，智能化的农机可根据土地的松软程度，自动调节播种动作，以便所有种子处于同样的深度；也可以实时监控播种机的准确率，大大提高作业质量和单粒播比率；还可以通过全流程的精打细算，极大地节约化肥、水、农药等投入，把各种原料的使用量控制在非常准确的程度，让农业经营像工业流程一样连续地进行，从而实现规模化经营。

二、智慧农业的开放平台标准

虽然农业还处在一个“小白”奋发直追的阶段，比不上各种互联网的开放平台和工业4.0的开放平台，但随着智慧农业的不断发展和智慧设备和技术的不断应用，农业的开放平台也成为必经之路。我们进一步看一下智慧农业的发展阶段：

1. 传统农业阶段，当前相对比较粗放的小农经济，土地没有规模化和集约化，局部应用一部分农机和无人机，但没有数据，也没有自动化。

2. 智能农业，开始使用部分自动化的农业机械、局部的卫星气象大数据和物联网设备等实现的局部智能农业，能够实现设定后的自动化作业、智能设备采集数据，并能够离线分析数据呈现农业数据报告。

3. 在线的智能农业，智慧农业已经可以将智能设备和数据在线并相互连接，设备和数据可以互通，在线进行算法分析决策，实时地控制智能设备或智能操作自动化农机。

4. 智慧农业云系统，所有智能设备、自动化农机和数据都上云，通过云端+智能设备+农机等实现云端的智慧农业运营系统，实现跨地区跨农场跨厂家的云智慧农业。

5. 开放型智慧平台，通过开放接口将云、智能设备、数据等开放给各个农业节点和厂家，产业链节点机构或智能设备厂家可以设计农事服务场景或农业生产场景，实现云端或区块链的分布式智慧农业平台。

6. 大数据产融平台，结合农业场景精炼的大数据和交易闭环、产业闭环以及金融服务平台，用农业大数据来做风控，农业产业链交易结构来设计增新产品，农业保险+期货来提供保障，从而提供多样化的农业金融服务，实现农业的大数据和区块链的产融平台。

从智慧农业的发展阶段可以看出，一个农业开放平台，必然需要连接智能设备、农产品、种植农机、无人机、大数据、区块链等，因此需要有开放接口的标准来规范和共享这些连接。

三、智慧农业的接口标准

1. 智能装备接口标准，各个厂家的智能装备、滴灌设备、传感器、摄像头等，需要一个统一的接口标准，让智能产品能够相互连接、传输数据及开发应用场景，让符合智能装备接口标准的云平台可以统一连接设备和云端数据。

2. 农产品价格估值接口，农业平台最核心的是农产品，农产品的收成预测和价格估值，需要各个环节和多个维度的数据，汇总后才能够通过算法计算，因此需要基于一个预测模型的标准，对接各个节点的接口，能够快速计算农产品的收成或价值预估。

3. 自动化农业机械接口，这些自动化农机需要提供开放的智能接口，或者通过一个智能农机平台将不同厂商的农机自动化接口进行统一集成，开发成为统一的开放接口，通过开放接口可以采集数据上传，接收自动化指令来控制农机，让农机成为有智慧大脑的农业机械。

4. 病虫害监测接口，多种智慧装备比如无人机、卫星遥感、喷灌设备、传感器与摄像头等都可以从不同维度来监测病虫害，这就需要建立统一的病虫害监测接口，归集各个设备的监测数据，并根据计算和预测的病虫害预防方案进行自动喷施。

5. 云农业的系统接口，将云农业的接口开放给设备厂家、服务机构等，让产业链内的节点都可以使用云系统，上传数据、获取数据，听取决策建议和生产指导，接收病虫害预警和田间管理工序提醒等。

6. 区块链分布式接口，受限于农业的条块分割，很难用一个中心化的云平台覆盖所有的智慧农业环节，而且由于农村地区的网络条件限制和不稳定，所以需要建立统一的分布式区块链模块接口，让不同的农业系统或者模块可以跨区域、跨系统的接入到区块链网络中，通过上链实现一个分布式智慧农业系统，即使断网后这个农业智慧系统也可以自我运行。

7. 大数据接口，农业大数据需要全方位的采集数据，并基于数据模型和数据维度进行数据治理，并基于应用场景和应用算法，对数据进行清洗、计算，为应用大数据的环节输出有效的数据结果或决策结果。

8. 平台开放标准，通过一个平台开放标准和统一接口，面向产业链中的研发、种植生产、采收加工、交易、配套服务、金融服务等环节整合到一个开放平台，开放平台可以共同生成农产品指数等公共数据共享给产业链参与者，让智慧农业更加智慧、开放、共享。

第三节　农村推广的技术标准

高品质的农产品不是凭空产生的，而是通过一个标准化的产业化体系生产出来的，这个体系里需要一系列的技术标准来进行农产品的品质控制，从品种开始，到土地标准，到水肥标准，再到间种植标准、喷灌滴灌技术标准、病虫害检测标准、分拣标准等，其中，涉及种植标准化技术，需要在农村进行大力推广。

1. 土地治理标准，是围绕土壤改良，基于土壤检测标准，对土壤的有机质、矿物质、pH 值、养分、肥力、肥料、农药残留、微生物指标、重金属元素、放射性元素、全成分、理化性质等物质进行检测，进一步做出土壤改良和治理方案，通过深耕、有机肥、微量元素等方法改良土壤。

2. 土地平整标准，是通过土地整理来满足机械化和智能化的要求，规划设计田间机耕道和给排水系统，再根据机耕道划分出的单元地块实施小块拼成大块，挖除田埂填窝坑、深松深翻、平整耙碎等。

3. 田间种植标准，根据订单农业要求，选定特定的品种和土地治理后，制定标准的田间种植工序，从土地整理、备肥、栽种播种、施肥追肥、田间管理、病虫害防治、采摘、收储加工等标准作业程序，每个工序的任务、水肥农药条件、技术重点、注意事项、农事服务等详细分解，形成标准版种植作业流程，并通过智能手机进行提醒和作业确认。

4. 种植机械化标准，通过智能化的农业机械，以能适应当地的种植季节气候、地形地貌、土壤类型、动力配置、机具配置以及当前成熟的农作物水肥一体化参数、收割机技术参数为最主要的依据来设置其作业程序。根据田间种植制定的作业程序，按已实际配置有的大中小农机的动力搭配为依据设计出符合种植工序标准和所应配套的标准农机具。

5. 病虫害检测标准，利用遥感技术进行农业资源调查、土地利用现状分析和农业病虫害监测、农作物估产等应用；还可以利用无人机专用摄像头获取农作物影像数据，包括农作物生长情况、预报预测农作物病虫害；通过开展农作物病虫害响应的光谱机理研究、病虫害发生发展的温度等生产环境信息监测，建立农作物病虫害光谱监测和病虫害预报模型。

6. 水肥一体化标准，通过实施高效节水灌溉和水肥一体化可以有效地缓解春秋干旱对农业生产的影响，同时减少用工和降低劳动强度。水肥一体化技术，简单讲就是把肥料溶解在灌溉水中，由灌溉管道带到田间每一株作物，以满足作物生长发育的需要。如通过喷灌及滴灌管道施肥；复杂讲就是水肥同时供应以满足作物生长发育需要，根系在吸收水分的同时吸收养分。除通过灌溉管道施肥外，如淋水肥、冲施肥等都属于水肥一体化的简单形式。通过水肥一体化，可以采用地埋滴灌系统技术，广泛应用于农业大规模种植、大棚种植、现代化观光农业的滴灌控制、环境监测、土壤湿度检测、气象信息采集等。

特别要详细关注的是水肥一体化标准。我国农业在大力推广水肥一体化，因为国内大部分种植区都缺水，而且在经济作物尤其是果树的种植中，水肥管理耗费大量的人力物力；而华南西南种植区都是丘陵山地，施肥灌溉非常困难，采用水肥滴灌施肥和施药可以大幅减轻劳动强度，节省施肥劳动力，从而显著节约种植成本；同时，水肥一体化可以让溶解后的肥料被直接输送到作物根系最集中部位，充分保证了根系对养分的快速吸收，而且由于滴灌和微灌，含养分的水滴缓慢渗入土壤，延长了作物对水肥的吸收时间，大大提高了肥料利用率，节省肥料成本。

以滴灌智能设备为主的京蓝科技打造的智慧农业体系中，水肥一体化属于智慧农业的关键环节，它可以通过田间滴灌智能设备，灵活、方便、准确地控制施肥数量和时间，根据农作物养分需求规律有针对性施肥，做到缺什么补什么，实现精确施肥。例如果树在抽梢期，主要需要氮；在幼果期，需要氮磷钾等多种养分；在果实发育后期，钾的需求增加。这样可以根据农作物的养分特点，研制各个时期的配方，为农作物提供完全营养，并根据灌溉的时间和灌水器的流量，可以准确计算每株树或单位面积所用的肥料数量。农作物在封行或者覆膜栽培时不能进行传统的施肥作业，但是滴灌施肥和膜下滴灌就可以解决这些问题。

针对农村现在的劳动力现状，水肥一体化可以及时快速地灌溉和施肥、统一喷药，短时间内完成有利于农产物生长整齐一致，有利于合理安排田间作业；通过滴灌还可以精准补充微量元素，降低元素肥施用成本，同时还可以改善土壤环境状况，保持土壤良好的水气状况；水肥一体化还可以保护环境，减少过度施肥、不合理施肥等造成的土壤和地下水污染，还可以减少水的用量，达到节水目的；而在沙地、盐碱地等恶劣土地环境，微灌施肥可以确保农作物在这种恶劣土壤条件下正常生长，也可以提高农作物抵御类似持续干旱等风险的能力。国外已有利用先进的滴灌技术配套微灌施肥开发沙漠，进行商品化作物栽培的成功经验，如以色列在南部沙漠地带广泛应用微灌施肥技术生产甜椒、番茄、花卉等，成为冬季欧洲著名的“菜篮子”和鲜花供应基地。

这些技术标准，需要通过农技、农事服务机构，整理成为适合当地区域农作物的标准化种植手册，做成农村的“小红书”，将标准化技术推广到农户和农业生产过程中。

第四节　基于交易市场的农产品标准化

高品质的农产品，除了依靠品种和标准化种植来实现部分的农产品标准化之外，在农产品成熟后采收的环节开始，也是一个标准化的过程，而这部分主要基于交易市场来实现农产品的标准化。

1. 农产品数字资产（Token）的标准化

建立农产品数字资产的标准协议，将非标准化的农产品，通过区块链创新技术，以资源类、产品类、批次类、单品类等农产品数字资产标准协议，实现非标的农产品上链确权为标准化的农产品数字资产（农产品通证或农产品 Token），从而实现农产品的数字化和标准化，建立原产地的农产品数字可信体系，并通过农产品数字资产有效实现前置融资、交易流通、数字钱包和金融服务。

2. 标准化的分拣设备实现农产品的分级分类

由于土地和种植的因素，几乎不可能确保一块土地上的农产品都是完全一样的，所以就需要通过专业化的分拣设备对农产品进行分级分类，实现农产品的 ABC 分级，从而可以将采收后不标准的农产品分拣为不同标准的标准化农产品。

通过自动化流水线的分拣设备，可以对采收后的农产品进行预冷、预处理和外形分拣，并通过流水线上的自动检测仪检测农产品的甜酸度、水分含量等，还可以有专业检测设备进行农药残留检测、微量元素检测等，从而实现农产品数据自动上链，而检测的结果通过自动打印的标签贴，贴到农产品的外包装上，甚至可以采用可食用墨水标签技术直接打印到农产品上。

3. 集配体系实现农产品标准化处理

通过农户实现农产品的标准化是很难的，所以要考虑在交易市场的分拣阶段，以及送到交易市场之前的集配阶段就进行农产品标准化的过程。就地在乡镇或者村建立集配终端，农产品采收时就地进行标准化周转箱或者简单的分拣，借助统一的物流配送车队到中心市场或者交易市场，再进行进一步分拣和初加工等标准化工作。

集配体系可以减轻农民的负担和技术要求，通过分布式的集配终端，来对周边村子的农户统一服务，进行终端层面的中心化预处理，集配终端也是一个与农户进行结算的终端点，还可以是消费品和农资下行的终端点，成为集配体系与农户的核心接触点。涉及生鲜农产品的集配体系，还可以在乡镇建立集配终端库，作为生鲜农产品的周转库，实现一个生鲜农产品的“生产基地—集配终端—分布库—集配中心—中心市场—商超社区市场—消费者”的上行体系。

4. 标准化的冷库设备实现农产品的标准化储存

交易市场的农产品仓库或冷库是关键环节，它可以有效延长农产品的交易周期，同时仓单也是交易的核心凭证，也可以作为金融服务的核心基础。进入冷库的时候，往往是经过分拣设备分级分类的农产品，这时候需要通过标准化的箱包进行包装，包装箱上贴上仓管的标签进行唯一标示，并由于自动识别和出入库扫描。

在冷库进行储运时，会有标准化的堆垛管理，通过堆垛布局、摄像头识别等技术实现自动化仓储，并通过叉车或者仓库机器人设备进行箱包后的农产品的堆垛。大规模高标准的冷库，会采用完全自动化的冷库管理系统，通过自动识别设备和自动机器臂，或者自动机器人，实现全冷库的无人自动化出入库和理货管理。

5. 基于区块链的农产品追溯体系实现

通过区块链实现农产品追溯体系有两个关键：一个是上链的 UID，农产品的唯一身份证；一个是区块链生成的 Label，标注身份和属性的标签；UID 是系统来自动生成并进行唯一识别和跟踪的，而标签可以是电子标签、自动打印胶贴标签或者可食用墨水打印的标签，标签是静态的，但必须在生产、流通环节中的区块链中动起来，形成不可篡改或者多方鉴权确认的追溯过程。

农户在农产品采收环节，依托标准周转箱或包装进行批次标签的分贴，并通过农户智能手机上的区块链 DAPP 进行个人的鉴权，以便确认农产品的 UID 和批次标签，从而实现农产品上链；

在交易市场的分拣预处理环节，分级分类和各项检测后在农产品上进行产品标签的分贴和打印，可以同时上链。

当预处理结束进行包装，包装箱盒上通过扫描产品标签自动形成每个箱盒的外包装标签，这时候，批次标签和产品标签和外包装标签形成围绕 UID 的统一。

当农产品开始出库进行封箱打包运输的时候，物流配送人员使用 DAPP 扫描外包装标签并确认封箱打包，形成物流配送的标签或二维码，供扫码可视化物流。

分销商在流通中使用 DAPP 扫描外包装标签、物流标签或者二维码，进行分销作业确认。零售商扫码入库确认上架，当销售出去的时候 POS 扫码或扫描标签，农产品状态成为已销售，统一标签开始注销状态，同时激活积分。消费者在激励下使用 DAPP 扫码可以获得该农产品对应的积分或者赠品，也可以看到农产品的属性和介绍，还可以看到整个农产品的生产、分拣、包装、物流运输等环节信息，同时可以点评，也有电商入口进行后续的重复购买；

至此，一个基于区块链的完整的农产品 UID 和标签的追溯场景完成，一份标准化的农产品交付到消费者手中。类似的标准有美国 FDA 标准和欧盟标准，我们也要逐步建立起中国消费者市场的数字可信标准。

6. 通过人单合一实现农产品标准化的落地

农产品的品质控制不只是通过智慧农业的设备来控制的，再先进的追溯系统也会被人破坏或者造假，真正核心的是要把农产品与人进行绑定，用人的品牌和信用来进行农产品的品控，这也是我们所说的农产品标准化的“人单合一”，即把“人 + 单 + 农产品”进行融合，农户和订单和农产品进行关联，并将农产品和农户的故事 IP 化，形成一个类似“褚橙”的模式，将新农户的个人故事品牌化，不一定是个大品牌，只要是一个真实、生动而且有情怀的“人 + 农产品”的故事就可以，这样就可以打动消费者，可以带来订单，而这些订单需要这个人来绑定信用。

农产品追溯，如果只依靠摄像头、RFID 标签和物联网标签是没有用的，用区块链技术也没有用，农产品的品质在源头上有很多因素，必须个人品牌化，而且各个节点与人的 ID 相结合，把人的信用和品牌绑定进来上链，才可能建立真正的品质农产品。如果这个人或这些人的信用和品牌又可以 IP 化，成为商业品牌的有机组成部分，那就是双赢路线！只有这样，才可以顺利实现农产品标准化的落地。

乡村振兴行走案例

10 讲述有品质的农产品

农产品除了有产品品质标准之外，还要有品牌标准，而这个品牌标准，实际上就是如何讲故事，讲好有品质的农产品的故事。从褚橙的"一只冰糖橙的励志故事"开始，很多人开始注重讲述农产品的故事，来打造农产品品牌。除了有品质的农产品之外，会讲故事也非常关键。就跟舌尖上的中国一样，将一件件各地的小吃和食品，用一个个感人的故事和视频，展现给消费者而不是观众，让人欲罢不能。

同样的苹果，日本的金星苹果可以卖到几百块钱/个，而我们的类似金帅金香蕉苹果也不过几十元/斤，差距竟然这么大?!而日本的金星苹果有淡淡的香蕉牛奶味道，色泽温润如淡奶油，果肉酥脆细嫩，酸甜多汁，香气和果色都非常上品。所以，只有农产品是不够的，还要会讲故事。

农产品的故事，要从你定位的目标客户入手，都是哪些消费者？他们关心和喜欢哪些东西？他们有什么样的行为习惯？等等，一定要做到KYC，懂你的客户（know your customers）。

在讲述故事中，以文字故事为剧本基础，形式上以视频为主，寻找原产地的有特色、原生态、小规模的农产品/地标品牌水果，进行打造和包装。其中，在讲述故事中需要着重突出三个元素：

一是在哪儿种？一方水土养一方人，要将本地的土地特色、休闲旅游和原生态展现出来，而往往一个原产地，都会有一个美丽的故事或者传说，或者原生态的风景和环境非常迷人；

二是怎么种？好的农产品一定是有特别的种植方法，无论是绿色原生态的种植方法，还是传承悠久的土方法，要将这个与别的种植的差异化明显对比出来；

三是谁种的？农产品的故事少不了人，种的人是淳朴的农民还是欢快的农民，这些农民有哪些故事，用人格化将农产品讲出动人的故事和情怀；

如果综合这些元素，我们可以看得出：农产品的故事最核心的是传承！从原产地的水土，到种植方法和标准，再到农民的传承。

而一般用于历史和传承的拍摄手法，专业人士一般建议这样来讲述农产品的故事，视频的模式采取：大光圈，小景深；多平移不推拉；故事策划以情怀、故事点和人格化的点来展开。

最近，有一个农产品品牌值得关注——17.5°橙，以盛产脐橙的原产地江西赣州为基地，甜酸比平均值大致为17.5°的鲜橙产品，迅速成为褚橙的有力竞争对手。这是典型的以农产品品质为主打的产品模式，包括小罐茶、不知火丑柑等也是类似的模式。

农产品讲故事的套路，基本上分为三步：

1. 将农产品IP化，抓住目标消费者，用心讲好故事，打造品牌。

2. 以IP和品牌来整合各地原产地产品或者农特产品，依托自有基地或者协议农户基地打造极致单品。

3. 最终形成品牌直销，以团购直销和电商平台销售为主，如集团定制、农超对接、社区社群订单平台等，品牌做起来再往线下渠道放量。

如果我们每一个有品质的农产品，都能够链接一个会讲故事的品牌，那么中国就不会只是一个农产品大国，也会成为农产品强国。

11 原产地农产品优选路径

只会讲故事也是不够的，优选出符合故事和标准的农产品不是一件简单的事儿。产融课题组在乡村行走中走访了很多省市的原产地农产品，由于各地的水土气候环境不同，有特色的原产地农产品很多，很多都是移植到别的地方就没有了这个味道，而且每个原产地的特色农产品都有历史有故事，很独特。虽然现在各地都比较重视原产地的地理标志性农产品的注册，但往往是注册了地标品牌，却依旧是养在闺中无人识。

除了宣传和品牌的问题，还存在一个消费者口味和认知的问题。同样一个西瓜，有不同产地、不同口味；同样一个梨，有香梨、雪梨、酥梨等；同样一个苹果，有烟台、洛川、运城、阿克苏、昭通等不同果；消费者也很难准确地选择适合自己口味的产品。同样的问题，也存在于流通环节，用什么样的标准来分拣和定价？这都存在一个农产品标准的问题。

产融课题组通过乡村行走下来与农户和大户深入沟通交流后深刻认识到，卖农产品很简单，但是持续稳定的供应就是个大问题。关于这个问题，农户也很无奈，他们也想卖出去卖得更好，但进行品质控制和稳定供应是需要大量投入的，他们最大的痛点是资金，贷款难。银行的贷款需要抵押或者担保，而农民是没有抵押物的，土地确权进行抵押还只是试点中不存在全面实施的可能性，而担保和联保已经成为农村比较落后和劣币驱逐良币的手段了。

基于这个原因，产融课题组第一阶段落地的是设计农村的金融创新产品为农户提供金融服务。由于农民的资金往往有30%～40%是购买农资，所以设计了农资供应链金融，以融物不融资的供应链金融方式来解决上游产业链的集采和资金问题，将银行、农资龙头企业和农户的需求紧密结合起来，形成闭环。

在农资供应链金融过程中，为了更好地控制风险，能够实现收获后销售农产品时的优先结算，又开始设计如何把农产品的销售、预售拉进来，解决下游产业链的销售和加工问题。由于有了销售加工的预售合同和收购合同，为农户增加了一定的保障，同时在收购的同时进行清算，优先偿还银行的贷款。这就是闭环的产业链金融模式。

但是，由于农户没有保障，所以即使有收购合同或者预售合同，也还是存在农户随行就市问题，市场价格低他卖给你，市场价格一高他就会随行就市卖给市场上价格高的一方，很难有契约精神。

因此，产融课题组第二阶段关注的核心是如何改变农户的交易习惯和交易结构，即交易环节和收益。实际上，只要能够让农民多赚钱多省钱，他也愿意遵守契约精神。多赚钱，就要从交易结构的改变中寻找更好的空间。

以前的农产品都是农民种植，批发商委托采办到地头收货，或者本地的采办收货，然后卖到批发商，一级批发商在农产品集散地或者农批进行批发到二级批发商，二级批发商供到零售终端或者菜市场商户、超市等，最终到消费者。这个交易环节的最大利润空间在批发和零售，种植环节的农户是收益最小的。

要改变这个现状，一是要通过新的交易结构来改变交易环节，这就是产地交易中心，通过原产地的农产品交易中心，实现就地的产品分级、集中化交易和大规模物流配送，将主动权能够倾斜一部分到产地；二是要增加产地收益，通过交易中心实现产地定价，并扁平化流通环节，实现部分产地直发，从而增加原产地农户的收益。

在这个改变的基础上，也进一步改变流通方式，为原产地农产品交易中心提供升级的配套服务，包括冷库仓储、物流配送、供应链金融等服务。

但归根结底，农产品最终的问题还是品质。对品质控制的管理永远是核心，品牌宣传总有对策，交易中心和物流配送也可以解决，但是如果农产品的品控做不好，整个产区种植全都是大量使用化肥和农药，那其他方面做得再好也没有用。

所以，建立农产品的产地标准，实现分级分类和全方面监测、全面溯源，才是实现农产品优选品牌的核心，有了品牌认知，消费者就知道该选择哪里的农产品了。

12 云贵农产品原产地优势

贵州和云南等地区，均属于喀斯特地貌，大部分是山坡地段，而且因为比较偏远没有开发工业等所以无污染无残留，属于不需要养地的原始好地。但这些产地的土地优势，并没有一个准确而强大的大数据体系来向消费者展示。

贵州药材要数千种，而且有些品类因为产地原因都是道地药材，尤其是贵州的苗药闻名天下，所以一般说起贵州的农业，大家都知道药材，围绕药材的种植、基地、产业园区、物流园区和药剂或饮片加工等，都已经有很多企业在参与了。

其实贵州最大的农产品是绿茶，大家只知道杭州的龙井和四川的雪芽，但真正绿茶最大的产区在贵州。产融课题组去遵义地区的凤冈县特别走访过绿茶产区，到过他们的茶海之心，山地丘陵漫山遍野的都是绿茶，规模庞大；而贵州的安顺地区也是悠久的贡茶产地，古镇上有数千年的古茶树。

贵州实际上还有一些经济作物，因为地理优势和土壤特点，各州县会有一些农特产品，比如蓝莓产业、刺梨产业等，属于小众品种但高价值的水果经济作物，只是现在虽然有了一定规模，但还比较分散，没有形成产业链优势。

前两年贵州大搞大数据，在金融方面也比较开放，各州县也引入了数百名金融机构的管理人员进行挂职，可以看到贵州发展大数据和金融的决心。贵州在农产品方面，已经有农产品直销牌照，也有农产品交易中心，也在筹建贵州茶交所，目前西南商品交易中心有类似经营范围，但做得不是很好。全国17个药材批发市场，都是销地批发没有原产地销售的，主要集中在成都荷花池和安徽亳州的药材批发市场，贵州本地是没有成规模的产地批发市场的，这是个大问题。

对于贵州的药材产业，有39家中药材种植基地，500多万亩种植规模，目前大多是被地头采购走了，或者只有简单的初加工，然后到销地批发市场进行批发销售，药贩子把握住了核心，他们掌握着与药企和饮片厂的供销，这个交易结构是需要去打破和改变的。虽然贵州的精准扶贫也关注中药材的产业发展，但不形成产业和产地交易，就很难留下更多的收益到种植户。

纵观贵州的州市，非常有特点：黔东的地理优势，有高铁、城际列车；安顺，是金融保险示范区；黔东南，是旅游和经济作物为主，凯里是苗药基地；遵义，农业基础好，市领导高度重视产业链和金融；黔南，离贵阳很近，主要发展电子商务和物流。要发展各地市的三农，就要结合产地的优势和资源，进行详细规划。

产融课题组在贵州走访了遵义的仁怀县、凤冈县等地，黔东南的麻江蓝莓、龙里刺梨等产业带，总体来说还是比较典型的小农经济，注重种植，即使是已经成规模的种植，却忽略产业的关键环节：交易，也更缺少加工和深加工。跟国内大部分农产品的通病类似，鲜果和农产品的销售占绝大比例，而深加工后的成品商品销售比较少，这是一个产业链不成熟的典型特点。各州市有大量的扶贫产业基金，却不知道怎么用，产地的产业优势没有建立，也不知道怎么办；很多事情，就循环往复地在这里打转，浪费了时间和钱，这或许是很多地方扶贫的无奈。

云南农业基础优越，农业发展条件优良，产融课题组走访了昭通苹果、褚橙和勐海茶山，从苹果、橙子和茶叶几个角度去看看云南农产品的发展方向和思路。由于云南海拔高，温差大，生物品种多样性，土壤很干净没有污染。主要的农产品有普洱茶、鲜花、高原红的苹果、咖啡（著名的猫屎咖啡）、辣椒以及药材（文山三七和石斛）等。现在云南的农产品方面，昆明的鲜花市场已经做起来了，其他的还有待开发；各地也已经申请了大量的地标品牌和自有品牌。

昭通是毛主席诗词里面的“乌蒙磅礴走泥丸”的乌蒙山区，有着独特的农产品，如苹果、天麻、花椒等，毗邻重庆、贵州等地。昭通苹果是1940年华西大学移植过来的100多棵苹果树苗逐渐形成规模，典型的高原红，俗称丑苹果。其中冰糖心非常典型，甜酸度非常好；天麻的天麻素是平常品种的6~9倍；而金江花椒则是香麻天下，还有当地称为魔芋、洋芋的马铃薯种植。昭通农业的发展方向是发展特色农业，主打中高端差异化农产品，锁定重点农产品达到1000亿产值，实现6个百亿产业，包括苹果、天麻、马铃薯、花椒等。

目前，昭通苹果的种植规模为330万亩，产量620万吨，产值在100亿左右。其中走访的昭阳区是苹果的主产区，这里的土地流转一般是800~1000元/亩，也有用土地入股方式加入到苹果专业合作社（农庄），实现农庄+农户的试点模式。我们走访了杨柳河岸边的传统大树种植区，传统的水灌、有机肥；也走访了矮化密植的规模化苹果农场，滴灌和机械化管理；甚至在一个典型的专业种植农场，采用的是Y型种植技术，滴灌、水肥一体化、摄像头监测防控、机械采收等；还参观了苹果加工产业，苹果脆等食品加工，苹果储藏冷库等。

为了产业发展需求，围绕地震移民的安置工程，利用安置土地数百亩，做了安置楼和配套区，并预留出部分场地计划做苹果交易市场。当前没有苹果批发市场，只有一条商业街，到了收获苹果的时候，批发商和地采代办租个商业街门头，开始收苹果，收获季节过去，那条商业街就没人了，是典型的采销模式，没有任何产地的优势。

昭通苹果初具产业规模，建立了一定的技术规范，逐步推广有机肥，分别发展大树种植和矮化密植种植，以个头（80 果、85 果）和甜度来分级分类，并拓展苹果深加工方面的产业，唯一在产地苹果交易市场的建设上比较空白。

作为云南的知名品牌之一，褚橙现在发展非常快，除了自营基地的冰糖橙产品之外，还有褚氏新选的合作品类。其中，褚橙品牌全部是自有基地，承包流转的 1 万亩，修复平整育苗灌溉等投入。作业区有驻场的项目经理，进行生产的质量控制与检查，作业生产是劳务外包，雇佣当地农民和外来务工人员。随着褚橙的品牌效应，周边出现了 10 多万亩跟风的种植，导致产量严重过剩，从而引发价格下降和种植成本上升；甚至还有部分产区，尤其是其他外地区域，在生长期间打甜蜜素，增加甜度。这些都对褚橙的发展带来了不同的影响。

而农户的整体素质间接影响着褚橙的快速发展，农户对结算工资连银行卡的短信通知都不相信，总担心少给了，去就近的 ATM 设备查询了也不相信，一定要去银行柜台打出存折明细或者取出现金点一点才相信，然后再存进去。

西双版纳的茶山，产融课题组去的是勐宋山区中的一个村落，100 多户，离镇子 7 公里。这里都是山区，村民都是淳朴的少数民族，村里有幼儿园和小学，初中就要到镇子上寄宿学习。偶尔也有电商的购买，都是快递到勐宋镇子上去，自己骑摩托车或者小汽车十分钟到镇子上取回来。村民在村边的茶厂打工，茶厂承包了附近茶山的数百棵茶树，她们穿着拖鞋背着布包到深山里的茶树林采茶，回来杀青炒茶，结算都是现金，偶尔使用支付宝或微信，钱主要用于消费和流动资金。村里的农民大部分务农和采茶，分的耕地和老茶树。消费主要是小汽车和翻新房子，这里翻新一下房子也要20万～30万元，农民的钱都是去信用社，有贫困户免息贷款，但是比较少，急用钱时只能找高利息贷款。

产融课题组乡村行走的这些场景，是贵州、云南三农发展的不同阶段和区域，实际上类似云贵川桂这些地方的土地基础很好，但是围绕产地的深度数据还比较缺乏，进一步做产地的农产品和产业链的规划和发展就需要详细规划。

第五章

CHAPTER FIVE

交 易

产业的电子化交易包括土地流转、农产品交易、农资农机的上下游交易、冷库和物流配套服务等，其中涉及产业链的上下游各个环节，包括龙头企业、大户、上下游交易、服务提供商、金融机构以及产业配套服务商等。紧抓农产品交易（以线下的农产品交易尤其是采购、预售等订单交易）的电子化，突出产地优势建立产地标准，整合粗放的农贸农批，实现农产品产业升级，为线上的电商平台、线下的渠道采购等提供全方位的标准化的产地产业服务。

农产品标准化后的资产上链，在区块链上形成农产品数字资产，进一步的农产品数字资产交易平台，与未来的央行数字人民币相结合，可以为农业产业提供农产品数字资产交易之外的更有深度的衍生服务，比如保障类交易合约、融资类交易合约等。

第一节　农产品交易结构的核心

农产品的电子交易，不仅仅是将粗放手工的线下交易电子化，核心关键是在改变农产品的交易结构。传统的农产品销售中的渠道经销的结构要改变，既要改变这种层层盘剥的渠道批发零售经销模式，也要改变农产品的鲜果销售模式，向高精深的农产品加工、品牌商品打造的方向转变。这实际上是一种产业化的交易结构转变，甚至连资金结构也在发生巨大变化。

农产品电子交易与电子商务不完全一样，电子商务是去掉中间环节，直接供需双方在线上达成交易；而电子交易，不是简单粗暴地去掉中间环节，而是类似B2B电子商务，同时将原来的批发商、经销商或者服务商转化为电子交易的会员单位，通过中间服务模式，为农户、合作社、农场、中小农业公司等提供交易服务；电子交易平台在当地政府的优惠政策和引导政策下会对交易进行补贴模式，通过补贴引导农产品交易能够电子化和平台化；同时，电子交易也会建立各村镇的代理人模式，用来采集农产品生产和价格的动态数据，并为农户提供实时的市场价格动态和农事服务动态。

农产品电子交易会整合线下的农批市场或农贸市场，提供标准化的农产品分拣设备和商铺、交易大厅和交易大屏等；同时，电子交易平台会提供电子交易席位、交易平台店铺、电子仓库等；这些位置都是面向采购客户或者会员单位提供的，也可以为品牌商提供冠名服务。在电子交易平台上，开放农产品创意服务，为农产品的互联网、电子商务和品牌设计打造等提供平台，能够包装打造出更多的农产品品牌。

农产品电子交易也会改变资金结构，利用电子交易和上下游的产业链闭环，可以为交易平台的会员单位和订单农户提供金融中介平台，换一句话，电子交易平台不仅仅交易农产品、农资等实物性产品，也可以交易数字化和标准化的农业金融资金，比如土地确权后的信托受益权、冷库仓单的农产品资产等。同时，为有融资需求的会员单位和订单农户提供供应链金融产品服务，通过农产品订单和电子交易，再辅助农业保险等保障手段，提供差异化利率、多样化渠道的资金服务。

农产品电子交易中心的核心，不是将交易电子化，而是交易电子化之后对整个产业的推动和改变。以前地方发展农业只关注了产量和规模，而忽略了交易。交易环节或者交换环节，是产融结合的关键，农业产业，要通过电子交易来形成订单农业，并能够实现基于区块链技术的智能合约；而农村金融，要通过电子交易来建立农村信用，信用只有在交易、交换环节才有意义。如果进一步基于区块链创新实现农产品数字资产和数字资产交易中心，就可以建立新的农产品数字资产体系。

通过对农产品、农资农事等交易和交换的电子化和数字化，可以基于交易节点的数据和上下游进行信用的建立，并通过交易和交换环节进行风控。你如果只是问农民要不要贷款？他可能说不想借钱，何况贷款需要抵押担保非常复杂；但你如果问农民买农资可以分期要不要？他会说要！通过往年的农资销售和付款记录，可以建立信用；也可以从农资交易和农产品交易入手，建立信用和风控手段；即使农民是空白的，从事农资销售和农产品收购的服务商也可以参与到风控环节中来。

无论是交易的时候还是贷款的时候，农民会简单估算一下交易费用。比如农产品销售，他会估算交易价格和交易费用成本，也不一定完全是随行就市；贷款的时候，他会估算贷款的额度和利息成本，甚至不同用途可以承受的资金成本不一样，如何选择，都是农民对交易费用的简单估算后做的决策。

任何交易实际上都是一个合约，而合约的选择与交易费用紧密相关，大部分会选择交易费用最低的合约，从而实现资源的有效配置。农产品电子交易也是这样，通过互联网的电子交易平台降低交易成本，让交易双方和订单农户交易费用趋向于零，可以让更多的合约吸引到电子交易平台上来，同时也可以实现产业链资源的有效配置；而利用电子交易带来的数字化产业链闭环，进一步提供金融服务来降低交易双方和订单农户的融资合约的交易费用；如果电子交易中的结算采用数字货币，有可以大幅降低货币结算的交易费用，甚至为零成本；而电子化和数字化带来的农产品信息和数据透明化和可追溯化，从而让采购客户的农产品信息的交易费用为零；那么电子交易平台通过各个维度实现的低交易费用，进一步实现订单农业和智能合约，实现规模化和产业化的资源整合和配置。

在农产品交易里面，还有一个交易获利的预期。交易双方对获利的一个预期是非常关键的，交易中的代理环节也会基于获利预期来决定资源投入，当一个交易会有相对稳定的获利预期时，各方的资源投入就会更明确，同时基于获利预期来进行风险定价，可以清晰分解风险敞口并进行详细估算和定价，这也是电子交易中的核心环节。比如种植水果的果农，会根据市场行情预测的获利预期，如根据十亩地可能会赚 10 万元，来决定在水肥、套袋、采摘等的投入，农资厂家会根据区域市场的交易获利预期来提供应收账款比例，农资服务和水果收购的服务商会根据今年的交易获利预期来提供赊销或保证金的比例，金融机构会根据融资方的闭环产业链中的获利预期来分析风险敞口和进行风险定价，提供差异化的金融产品服务。

第二节 农村的交易与电子商务

一、从交易切入来做农业产业链

进入三农领域的每个企业选择的切入点不同，大部分在做农业电子商务和种养殖基地农场，或者休闲度假农业，一个是纯线上的农产品或水果的电子商务，一个是重资产的基地或农场种植，每个方向都有好有坏。而从产融课题组关注的产业链来看，先从产业链的上游农资入手，落地农资供应链金融的实践，其中有极其漫长的地推过程，在农资供应链金融的推广中，区域合作伙伴的选择上非常重要。

围绕农业产业链的交易，地推体系的建立，即县乡村网络体系的建立，不可能一蹴而就。代表着国家队的供销社，也在试图重构原来供销社的渠道，通过各省扶贫项目和财政部配套资金，结合供销社的中小合作社和供销 e 家的终端网络，现在在 300 个县开始供销体系的合资电商公司，补贴资金以股份形式入股，然后再通过委托贷款资金进行运营。我们分析一下当前农业领域进行创新和深入的互联网模式和传统模式：

1. 农机的融资租赁和消费分期，可以优先使用当前已经有的地推网络，存量给合伙人，增量来做分成。

2. 第三方平台，以“金融服务 + 运营工具平台 + 大数据”，通过重资产模式一个县城一个县城地推广，也有好的效果，但这个关键看执行团队的力度。

3. 纯互联网模式，比如：云农场 + 村村乐，通过信息撮合或者平台撮合，实现快速推广，但也存在地推深度和黏着度不够。

4. 不同银行涉农的态度也不同，比如试点中：农行要求 20 人以下的村不做（人力成本高、效率低），放款周期要 7 ~ 8 天；而包商、邮储都是当天放钱。

5. 诺普信的田田圈，是一家有着 100 ~ 200 家区域合伙人的连锁终端公司，通过上市公司背书、大力宣传推广、加盟会议营销、补贴广告打造出来的新线下连锁模式。

6. 供销社背景的中农网络和供销 e 家是国企背景，政府 + 红头文件 + 资金支持的模式。

在产业链的上游——农资供应链落地实践后，产融课题组继续探索产业链的价值链条，从农资的交易充分进入到了种植过程的田间管理、无人植保等全生产过程的社会化服务领域，当前的农业还是分散、粗放的小农生产，农民什么事儿都自己干，严重缺乏专业的社会化服务，所以植保、无人机飞防、农机、农技农化服务，以及基于种植周期和田间管理的土地托管和种植管理系统等，都是社会化服务这个关键环节的内容。在生产服务过程中，已经可以充分利用图像、影像系统、无人机和智能手机的结合，实现智慧农业的社会化服务。

产融课题组在落地农资供应链金融的时候，也考虑到农户的资金需求，他们的资金需求多样化，除了生产资料，也有高利率的小贷和分期的消费金融，一般资金配比是 60% 农资、40% 流动，所以在金融服务的时候还不能完全只是产业链金融，还要有消费金融或者现金小贷来满足他们的 40% 流动资金的需求。而在农资供应链金融的闭环时，由大田作物的粮食收购作为最合适的闭环来实现风控。而粮食收购环节，各地有一些粮食银行的做法，比如河北的粮食银行，分半托管土地的种植大户（200 ~ 300 亩的大户）－全托管的种植大户（1000 亩以上），托管后种植的粮食品种＋化肥＋收购资金，全部由粮食银行负责；也有部分是种植户收获后存到粮食银行获得周转资金（不是收购而是储存的仓单），这其实不是银行的模式而是供应链金融的模式。

以上启示我们：如果不抓住农产品销售的这个环节，就不能抓住结算环节；不能抓住结算清算，就不能为上游的农资供应链金融或者过程中的流动金融提供闭环的保障。所以，产融课题组的关注点逐渐转移到地推终端和交易中心，谁离农民最近？谁离农民的交易最近？这是最核心的环节，从交易切入来撬动整个农业的产业链。

二、农村的交易与电子商务

无论是政策导向还是市场趋势，下一个能够拉动新的一轮经济增长的焦点，很可能会在农村市场，乡镇农村的农民消费者也有着自己的消费升级。最大的市场会是农村市场，巨大的人口基数和面积基数是不可忽视的因素。所以，我们会看到原来在一二线厮杀的品牌（比如小米、华为）也在深入农村市场，还有那些鼓吹互联网思维的平台电商（比如阿里淘宝、京东等）已经在深入农村市场。

但是，我们需要认清一个核心问题：农村市场的交易不只是电子商务。

第一，土地集约化开始成为可能。各地的土地确权试点使流转成为可能，种植大户、小农庄、合作社基地成为可能，当然因为各地情况不同，集约化的规模也就不一样。

第二，B2C 实际上是 B2B。因为土地集约化带来的规模化，所以农村市场的 B2C 可能不是一个农户，而是一个大户、农庄或者合作社互助组，这导致实际上是一个小 B，这样团购、专业化服务以及金融服务就成为可能。

第三，农资是农村市场的核心刚需，而且也是农产品品质的基础。农资才是农民必须要购买的产品，而且是要占用40%左右的资金购买的刚需，而不是电子商务主打的日常消费品下乡。而农资的化肥、农药、种苗等的质量，直接影响到农产品品质！

第四，县乡村物流配送体系的核心是整合。一个整合平台才能够整合全程的农资农化的产品订单、日常消费品的订单、平台电商的订单以及回程的农产品订单，才可以实现均衡的农村物流配送体系。这个事情，是当地县域、平台电商、当地物流商或者农资品牌商等任何一个势力所不能单独解决的。

第五，农村电商服务点成为落地关键。每个村的服务网络，有固定房子、人、电脑电话宽带、POS设备、自动下单设备、自动售卖设备、代购代付、金融代理柜台等等，这个点再与村的便利店或超市进行合作或者合并，会是整个农村市场的落地关键。

第六，年轻新农民、种植达人或者能人将成为农村经纪人模式的先锋。农村的信任是每一笔交易的前提，所以用各地村里的人来建立信任，才是开拓农村市场的关键，这意味着基于村级服务网点，再打造一批农村产品经纪人，开放性地面向农资、农产品、平台电商以及农村金融。

第七，农村金融将会进入快车道。农村市场中，农资具有高单价和固定消耗的特点，农产品具有季节性，先买后种植然后再收成导致赊销和应收账款比较明显，而处在一个小B团体内的农民信用其实还是很好的，而且农民的可支配收入几乎没有合适的理财通道，如果将农资消费信贷、农业收成保险、日用消费信贷、金融理财等结合一起，将会有效推动农村市场活跃度。

第八，充分带动区域性转型。地市和县域的农村市场，农资品牌、平台电商等肯定都希望扁平化，去掉中间环节直达终端网点和农户。这时候，需要带动区域性企业进行升级转型，比如原来的农资城升级为B2B交易中心，有物流配送能力的经销商转型为区域供应链整合平台等。

农村市场的动作已经层出不穷，比如农惠网、田田圈、农商1号、云农场、一亩田等，如何落实农村电商、农村扶贫工作以及农村的创新创业，与各方资源一起打造广袤的农村交易市场，这是一个值得研究的领域。

三、农村的B2B和B2C

交易是农业产业化的核心，因为它直接对应着订单和资金，而且离产业链的各个环节和角色都很近。原来的农村B2B不能简单抛弃，三农离不开落地的县乡村体系，而这个体系又往往与原来的农资、农机、收粮、菜贩子、果贩子等渠道体系是相辅相成的，所以农村的交易不能上来就搞B2C，试图直接砍掉中间环节，而是必须依赖于这些B2B落地环节的转型与整合。

1. 整合和收编仓库，建立中立库机制，实现仓库监管，出货付款；这些仓库，可能是已有的各种仓库粮库，进行合约和补贴改造；还有一部分乡镇上遗留闲置的老粮库，可以改造成为仓库，成为集配中心的节点。

2. B2B先不要着急做流水交易，先关注通过三农互联网平台实现三农交易的全部数据化，比如农资的交易、农机的交易和服务、植保或者田间管理的交易和服务等。

3. B2B依赖于一个渠道地推体系，而这个体系需要能够下沉到村。所以，通过地推业务人员，打造一个标准化的农村推广营销模式，提供辅助工具，有计划滚动进行会议营销推广。农村的会议营销推广要接地气，不是在酒店搞，而是在村里打麦场或者村会堂，放场电影，站在板凳上开。

4. 县乡的农化服务中心要根据区域需求定制产品包，平台进行汇总后对部分品牌进行集中采购，分自营和集中外采两部分，并且充分利用配肥站、植保服务站、农机服务站等形成新的三农零售终端。

5. 提供县乡村合作伙伴的运营工具，包括三农云、专用 APP、社群工具、数字钱包等，实现农村的 B2B2C，不着急做 B2C 电商。

如果 B2B 的基础建立起来，有了成熟的县乡村的网络体系，就可以和合作伙伴一起到村，在村建立体验店或者配肥站等终端，建立 B2C 电子商务平台 + 村级体验店的 B2C 模式；县乡的服务体验中心，提供配套服务和物流服务；村级体验店直接 B2C 下单，农资等产品经服务体验中心铺货再到村店，不直接在村店实现库存。除了智能测土配肥站、植保服务站、农机服务站等新的三农零售终端之外，农村的村店和小商超的升级也是一个 B2C 的思路。

第三节　县乡村地推网络是交易的基础

农村市场的交易，需要依托于地面工作来推进，这就是地推网络。三农产业链和三农金融，不可能只基于互联网来实现，而要依赖于扎实的线下地推工作，尤其是覆盖到县乡村的农户地推和服务网络。只有线上有效便捷的平台和线下强大的县乡村三级服务的紧密融合，才可能实现落地，因此如何加强农民合作社的网络体系以及社员的线下服务，进一步实现数字化和数据化，深入开展供应链和金融服务，也是农村交易的关键所在。

大部分合作社或者类似的社员网络体系，都会努力建设农民的社员档案数据，可能一开始是纸质的，但逐步会成为数据库或者平台；同时，结合微信群等新技术，提高县乡村三级网络体系的沟通效率和服务扩展功能；最后，再结合农村金融服务的终端设备和系统数据建立起农村金融服务体系。

围绕农民专业合作社或者新型合作组织，往往第一需求是农资的需求，也就是农村农资的集采或者电商，这个方向不能上来就想用互联网直接“消灭”传统农资经销商，而是要结合传统的农资经销商和产品价格，利用互联网工具和平台进行快速发展。如果详细分析下来：农资的核心是人，消费的是土地，农资是生产资料，要基于土地的需求、基层农户的生产来展开，实现高效种植、规模种植。而在社员网络的发展推广过程中，会存在各种各样的问题，这不是一个一蹴而就的事情。

从技术上讲，社员上线比较难，农村农户习惯不同。比如在某县，合作社推广人员专门下乡进行会员注册，一个半月的时间完成五六千农户的社员注册。而在注册社员的过程中，遇到比如各种手机型号的验证码问题和使用问题，比较麻烦，当然这些事可以使注册程序或者应用的注册简单便捷，可以以数字为主，或者手机号作为初始密码等方法。如果以城市的思路来看待农村，简单的事情就会变复杂了。

随着智能手机在农村的普及，简单易用的手机 APP 会比网站更好，APP 会更加灵活，比如不同区域的价格、产品选择和服务费配送费等；如果结合赠送定制的智能手机和一键注册，那就能够有效地支撑地推体系。

对于社员而言，他可能希望除了农资之外，还有农机或者其他农技农化服务、农业资讯，物流供应链服务等，甚至还有生活消费用品等，这样就要求除了农资这些自营产品之外，根据不同区域的需求开放品类经营，从而促进农民社员的活跃度和黏着度。

当社员网络建立起来后，类似线上平台的下单和结算，可能不是社员自己来操作，而是通过村的代理人，比如下单是社长、理事操作提交，进行支付结算的流程。所以，农村的网络体系是不能用城市的互联网思路来设计的，虽然是需要基于互联网下的农业产业链的重新构建来建立农村农业服务平台，但是农户社群—社员网络的发展，却是与农村的服务体系，如生产资料、农技、农机、金融和农产品进城等紧密结合在一起的。

关于社员网络的粉丝的发展和管理，目前最常用的就是微信和微信群，通过社群机器人等工具，可以实现社员的动态监测和跟踪；而每个县乡村的社群微信群，是否可以实现社员网络体系中的合作社社员的消费需求对接，实现村社互联的网络，从而将不同区域的原产地的一县一品，能够在这个社员互助互联网络中实现一定的流通？

产融课题组在走访过程中，一个省市可能会有100多家县级的社员网络服务中心，一个县级服务中心差不多要平均3万个社员；目前的社员管理在纸质档案和Excel上登记，沟通通过微信群来管理；而在汉拓云链科技的体系中，已经通过三农云的SCRM系统和社群管理系统，有效地对社员网络体系进行数字化管理和运营，三级微信群的管理系统，能够实现对县级中心社、乡镇服务专业和基层社社长群、社员群的管理。

地推中吸引会员注册的需要准备好介绍资料和服务等内容，主流的社员大部分是50岁左右的农民，吸引入会的关键是能够给到社员的优惠和实惠。所以，要考虑如何把社员网络从买农资农机转变为上网赚钱，把村里的社长家里变成小的体验店；主要的推广模式还是会议营销，利用农闲或者晚上开社员大会；合作社搞网上的农产品大集，带动销售农户的农产品；提供农村资讯，比如粮食的价格、天气预报、统一派发短信等。其中，某县通过派发定制的智能手机，1000 多台，通过定制手机实现社员的农化服务和地推人员的外勤管家。

社员的信息需求、农产品发布和下单等，通过理事来操作，理事相当于村里的经纪人，销售经纪人和采货经纪人，农村经纪人。这就意味着要通过激励机制来提高服务专员和社长理事的积极性。

除了农资农机、农技农化服务之外，农村社员的文化娱乐活动也非常关键，在组织三农活动的同时，结合文化活动同时办成文化大集。这也是一个大趋势。组织电影、农民秀场和抽奖互动，推广产品的农村大集的模式。

同时，围绕美丽乡村、休闲度假农家乐农家院，可以游玩采摘的农业生态园，或者山地户外俱乐部，与就近的县城进行商超对接、社区对接、社群对接，这也会促进社员网络体系的良性发展。

第四节　打造原产地的电子交易中心

抓住交易的核心是能够打造原产地的农产品电子交易中心平台，不是纯线上的电子商务，也不是简单的农批市场，而是实现数字化的农产品交易。

打造一个轻模式的农产品电子交易中心，需要先建立产地的农产品标准，将电子交易的对象——农产品进行标准化；其次，建立一个统一的电子交易平台和全套的配套平台，比如仓储冷库系统、B2B/B2C/微店、订单管理系统、O2O/社群、钱包、金融系统等，通过这些核心平台来优化和整合原产地的各个大大小小的农批和农产品交易，实现原来简单粗暴的农产品批发成为数字化的电子交易中心的订单和流水，并提供物流配送、包装设计、金融服务、大数据等配套产业服务，通过核心的交易和配套的产业服务打造一个原产地的上市公司。

原产地农产品电子交易的第一步是能够对产地的农产品品种进行管理和开发，建立原产地的农产品标准，通过品种溯源、检验检测、DNA基因技术等进行全面的数字化，体现出产地优势和农产品的特色，尤其是在原生态、微量元素或者产地某些特殊地理环境的品质特点，基于这些产地标准打造一套基于区块链的数字可信标识体系，为符合产地标准的农产品发放上链的数字可信标识，把地理标志品牌真正运营起来，不仅实现农产品的追溯，更关键的是建立起消费者对原产地农产品标准的信任，避免产地品牌被冒用、混淆、搁置等乱象。

原产地农产品电子交易的第二步是进行整合，要对传统的线下农批市场和农贸市场进行数字化整合，对传统的原产地农业公司进行升级和整合。数字化升级整合，需要针对原产地的优势资源，整合好产地资源、政府资源、本地核心农企资源、农业产业基础深厚，由品牌农业公司为主导，联合本地政府、本地核心农企共同组建原产地农业公司，产业基金跟投，进一步升级和整合当地的农产品批发市场为农产品电子交易市场或农产品数字资产交易市场，实现产地的农产品简单分级分类，整合上下游产业链服务（农资、农机、服务、加工、零售等），通过产业基金参股或换股、交易流水换期权、价格挂钩模式和升贴水模式做大交易流水规模，获得农产品销售、物流仓储服务、金融服务和加工服务、产业链服务等收益，最终能够单独运作上市。

如何说服传统的农业公司或者农贸市场参与到新的电子交易平台中来呢？这就需要从新技术、新金融服务、新产业配套服务等来帮助和吸引他们。

1. 升级线下批发市场，签约冷库仓库，引流到电子交易和数字资产交易，统一部署核心设备：农产品的智能分拣+监测设备，增加可食用墨水标签和区块链等技术。

2. 整合提供电子结算、仓库、物流、包装等配套服务，收取通道佣金、自营、第四方物流以及仓库佣金及后续的仓单质押、供应链金融服务等。

3. 与生鲜物流公司合作建设物流车队，实现产地到销地市场的生鲜物流配送服务，为采购客户提供行情、冷库、资金、物流等全面的配套服务。

原产地农产品电子交易的第三步就是建设线上的农产品电子交易中心，与有农产品交易或者金融交易资源的资源方合作，共同建设原产地的电子交易中心或农业公司，提供农产品的现货交易的固定交易、即期交易（T+1）、中远期交易、场外交易（散户）等模式的电子交易/结算，发布原产地的农产品价格比如陕西果、运城果、昭通果等不同现货交易价格，与金融机构、互联网金融、保险租赁等联合提供金融服务。电子交易中心的核心模式是线上的农产品交易流水、产业链交易流水以及扩展运营的农产品销售渠道，如对接B2B批发商、电商平台、苏宁易购京东超市一号店、连锁商超、大型集团企业、连锁零售终端等，通过一对多（统一的电子交易平台对多个原产地农业公司和交易市场）形成全品类全产地的农产品电子交易中心平台，实现全产业链的大交易中心和大数据平台。

线上的电子交易中心是与线下批发市场的整合和升级的关键，可以完整地实现农产品交易市场的“钱包+智能POS机+电子交易平台+智慧物流+金融平台+互联网金融”的模式。

1. 农产品电子交易中心通过统一的电子交易中心平台（跨区域产地），以系统技术入股参股到各产地的电子交易中心或农业公司，并受委托运营管理产地电子交易中心。

2. 农产品电子交易中心的中央平台，可以为采购大客户提供跨区域、跨品类的统一采购品控服务，比如百果园或连锁超市统一采购山西苹果、广西火龙果、四川猕猴桃等，中央平台通过智能引擎分别配单到各产地中心实现采购、品控和配送的统一服务。

3. 打造一个原产地农产品供应链品牌，基于产地供应链优势打造一个中高端的2B定制电子商务品牌，作为2B客户的品牌标杆服务，实现统一标准、统一分拣、统一配送、定制包装等高标准产地农产品。

原产地农产品电子交易的第四步是打造品牌流量和采购的产业智能服务平台，建设农产品产业的配套服务，建立原产地的农产品标准和包装、加工等标准，全渠道宣传打造产地品牌，建立农产品大数据和产销消费热榜，为采购商如大型商超、平台采购、集团采购等提供农产品采购的品控服务，提供高效低成本的持续供货能力、品质控制能力和信息服务能力。基于全国各地的特色农产品和水果电子交易平台，实现跨区域的全品类农产品的采购订单智能撮合、物流配送服务撮合、种植基地智能撮合、全域农产品大数据等产业平台。

1. 通过电子交易中心的交易、配套服务以及三农系统，合作的产业链落地网络（卫星遥测、农资、田间、无人植保等），实现各产地的土壤+种植+气象+病虫害+农事+农产品的数据，实现全国的农产品/土地大数据。

2. 基于电子交易中心的全方位数据，利用区块链技术，建立农产品的价格指数，如运城果/昭通果/洛川果/烟台果的价格指数；基于交易数据、监测数据、销售数据、消费者数据等，打造农产品/水果的品牌热榜，作为采购目录和品牌价值基准。

原产地农产品电子交易的第五步是基于区块链创新的农产品数字资产交易中心，通过上链确权的农产品数字资产（Token），实现数字资产交易中心的资产发行、交易，并基于区块链智能合约实现资产交易的衍生服务，并通过区块链的数字钱包实现农产品数字资产的存储和交易、交换，并通过区块链和区块链 DAPP、数字钱包等创新技术实现机构会员的 KYC（客户资格审查）、分布式智能撮合交易、智能竞拍交易等，上链的资产合约和仓单可以自动匹配融资服务，通过智能合约形成金融资产交易。

1. 基于区块链技术对农产品电子交易中心所覆盖的土地、水果、农产品等进行数字化和资产化，建立区块链的交易会员制度，发行地票和运果、吉果、昭果、东果等数字水果资产，打造现代农业区块链数字资产交易中心。

2. 基于区块链的会员体系和数字资产、超级账本与智能合约等技术，延伸到消费者端的农产品/水果终端连锁或联盟体系，实现消费者端的区块链联盟，形成农业产业的区块链闭环。

乡村振兴行走案例

13 销地批发市场的交易结构

传统的农村市场中，农产品流通中最核心的一个环节，就是批发市场，尤其是销地批发市场。我们以产融课题组走访的两个批发市场来看一下销地批发市场的交易结构。

第一个是海吉星农批市场。作为深耕农产品批发市场的深圳农产品股份公司，在各地建设农产品批发市场，农产品批发市场以一批为主，吸引二批的采购商，也就是经纪人—菜贩子模式。海吉星是深农在深圳的主要农产品批发市场，以供港为主，大量的二批或者加工经销商采购后进行初加工和包装，然后供港，每年流水达到150亿左右。

海吉星按照标准建设的农批市场，规模比较大，进行了出入口和片区的划分，除了常规的水果、蔬菜和农产品之外，还有水产品的冷冻仓。每个区域的时间根据品类不同是有差异的，果蔬区，忙碌时间段是每天下午5点到凌晨1点，由于是一级批发商，而且没有冷仓进行大面积储藏，所以大部分是预订模式，也就是这些在农批市场的一批经销商，已经有订单或者老客户了，再进行采购；一般是大客户和二批经销商的订单已经预订好了，就去采购一车，差不多3吨蔬菜或者5～10吨水果，产地采购的蔬菜到了市场基本上很快就分发完毕。

到了凌晨一点，在农批市场的二批（二级批发商）采购好后，开始从这里运输到各处的蔬菜市场，到了蔬菜市场差不多三四点钟；这个时候，小的菜店或者超市开始采购，赶在上午开店前供货。所以，我们在熟睡的时候，刚好是他们最繁忙的时候。

海吉星市场目前还是经纪人模式，产地会有采购经纪人，也就是产地收货的，销地的一级批发商通过这些产地经纪人进行代采，销地一批在销地批发市场（如深圳深农批、北京新发地等）也是经纪人模式，自己有大客户、老客户和多年合作的二批。在这样的渠道结构中，一批二批他们都不想将交易价格透明，因为可能卖给大客户、老客户和二批的价格是有差异的赊销现象。

这些市场内的一级批发商，一般在批发市场有档口，那种前店后仓的模式，档口是市场的主要盈利模式，一个档口100万~200万元，租赁40年，可以进行抵押和转让。由于有档口和客户，所以一批的主要功能是：交割与定价。这也是现货交易的核心，只是现在都是线下交易，而且大型批发市场很少有现货，这些一级批发商大部分是先预售然后采购，所以基本上已经是合约，只不过因为价格不透明交易没有平台化，所以不能称之为期货合约，最多是场外交易的预售合约。而这种预售合约，也是可以适用于非标化农产品，这也是农产品电子交易中心所需要注意和改造的地方。

虽然批发市场也在尝试进行转型，但批发市场的信息化没有那么简单，传统的业务和人很难一下子转变过来，尤其是没有增量利益的吸引。目前批发市场通过在批发市场的入口进行来货报备，统计每天的流量和数量；建立批发商的商户档案；给采购商的入场拿货登记就发放免费的停车券；统计进场物流的车和人、配货和拼货服务等。

第二个是二级批发市场。在北方，最大的水果批发市场是北京的新发地，既有大路货，也有精品，还有东南亚进口水果，里面有档口有冷库，一年流水也非常大。而八里桥批发市场是一个面向通州地区的二级批发市场，里面的批发商属于二批，一部分去产地通过代办拿货（大路货），一部分去新发地拿各种时令水果（精品）。

由于乡村行走中比较关心苹果产业，我们特别留意了苹果批发商。有一部分批发商专门做山西运城苹果，主打“高原红”，大路货。批发市场收摊位费，一月一交，有时候半年一交；每次进车要交进场费，一车380元，小车大车一样，因此小车可能一件（10~15斤）就要1元，另外运输费、装卸费等都是请小工。

运城苹果主要是红富士，有部分早熟的嘎啦果，虽然是高原红，口感好，但是外观不如烟台苹果，80、85的果，而烟台苹果都是套袋，所以外观比较好看，因此运城苹果的价格卖不过烟台苹果。二批的利润在0.1元左右，主要在批发市场坐商，有一些老客户来拿货；去产地有老关系的代办领着，要什么标准的果就去符合的农户家去收货，然后雇车拉回来；80果产地采收价格为2元左右，加上运费等费用在二级批发市场卖2.5元左右；烟台苹果卖4元左右。二级批发市场，普通的苹果先网袋后普通纸箱，最小卖量是一箱。

刚好遇到一家批发商从山西进货回来，一车10吨，差不多3~4天，最长一周内销售完；天气开始热了，运城苹果不好储存，到5、6月份就不卖苹果了；现在市场内的苹果都用棉被、薄膜覆盖，起一定的冷气作用；由于不是精品，所以没使用冷库。

二级批发市场的进货发货时间是早晨4点到上午8点，到二级批发市场来批水果的都是小店小贩，水果零售店；大的商超或者水果贩都是自己开车去新发地批发市场进货，那里品类更全、价格更低。

而另外一个区域，精品水果区有单独门头，里面是小型冷库，精品水果可以做到10多元甚至几十元一斤，一般都是单个套袋标准进行包装；从新发地批进来，早晨两三点钟到车开始接货，下家的二批或者零售商都等在这里拿货，很快就分走了；留部分做样品供新批发客户用。

总体来说，运城苹果的口感好于烟台苹果，但是价格卖不上去，主要是外观和品牌没有做起来；了解下来，批发商去产地都是通过熟悉的代办找果农，代农从中抽取提成，当地没有统一的产地批发市场；但是，传统的惯性下来，即使这些批发商建立了批发圈，他们还是会找熟悉的代办寻找果农，以求放心。

从这些批发市场我们可以看到，农产品的销售路径是从“农户—采办—一批—二批—零售商—终端—消费者”这样层层盘剥的交易结构，导致农户处在最弱势的群体、获取信息最不对称的位置，很难获得相应的价值回报。

14 牛羊肉市场的交易结构

从交易的角度来看，单价最高的农产品是畜牧类的肉类，然后是水产的海鲜，再是经济作物的水果，最后才是大田作物的粮食。所以，农产品交易中心，利润最大的是畜牧肉类，农产品进出口，最有利润前景的也是畜牧肉类。

国内牛羊肉市场，往往依托于牧场区域和本地消费最大的市场，所以内蒙古、新疆和宁夏甘肃等地，成为牛羊肉的最大市场，内蒙古的牛、宁夏的滩羊、新疆的牛和羊等，因为蒙古族、回族和维吾尔族的牛羊肉本地消费量非常大，自然成为牛羊肉市场的关键。

产融课题组这次乡村行走的是新疆的牛羊肉市场，位于乌鲁木齐的华凌园区，总共400多万平方米，华凌集团本身就是新疆非常知名的集团企业。在新疆的大草原，那里漫山遍野都是牧草，当地的哈萨克等民族都是传统放牧的牧民，自己天天吃的本地消费，本地的价格6~7元，到中东的价格30元。部分牛羊肉销售进内地，有鲜肉、冻肉，但是缺失统一的品牌打造，比较散乱。

牛羊肉市场的特别之处在于屠宰，这些民族是需要由阿訇念经仪式后动第一刀，三管齐断肉才干净。新疆乌鲁木齐的牛羊屠宰，由8家大户（阿訇）垄断，后来政府参与进行食品安全等方面的环节，颁发屠宰牌照，通过补贴、收并等方式，华菱农牧通过8张牌照与8家大户形成产业联盟，成立了联合公司，基本上垄断了乌鲁木齐的牛羊肉正规、合规的屠宰市场，而屠宰场模式是收取屠宰费。

虽然华凌已经建立了全自动化的屠宰流水线，但目前本地消费者还是习惯于传统的屠宰场，阿訇的一把刀，手工流水线。我去过现场，场面非常壮观，到处弥漫着浓郁的味道。除了在批发市场的屠宰场之外，也存在着地下屠宰场，私屠乱宰的没有防疫证，这些现象也会由政府相关部门进行监察处罚。

为什么建设了全自动屠宰生产线，但是又不使用呢？这是由于牛羊肉的品种繁多，畜源不稳定，所以不能批量生产，标准化比较难，所以日常还是依赖于传统手工屠宰场，而自动化设备只是在投储备肉时临时用一下。

牛羊市场除了屠宰场和待宰区之外，还有批发市场。批发市场收商铺租赁费，屠宰后的牛羊肉进到批发市场的经营商户，主要是热酸肉，每天差不多销售400头牛、4000只羊的规模，这还只是乌鲁木齐的消费需求，一旦遇到民族节日的时候还会大幅度上浮。牛、羊肉的销售，一般直营到饭店，批发市场的批发（到社区店、小饭店、零售），散户销售（不合规）等不同渠道。如果只看数据，200万只羊，15万头牛，仅仅是乌鲁木齐的消费能力，付款方式以现金或者赊销为主。

整个市场的流水是接近20万吨牛羊肉，夏季5～10月份，牧草成本低所以肉的价格低，52元/公斤+10元/公斤（国内运输费用）为出厂价。交易市场，差不多总共会有20万只羊，9万头牛；服务费，羊7元/只，牛38元/头，总共的服务费接近1200万。市场会颁发授权认证商户，作为政府认可的正规牛羊肉商户，有市场监督。批发市场里面有协警500人，实枪特警，市场的刀具有编号、名字和链子拴着，我们在走访市场的时候也不断经过安全门禁进行安全检查。

牛、羊的育肥主要在农区和牧区，比如伊犁牧区放养，有饲料和牧草加工，也有养殖场进行育肥圈养，一个养殖场2000～3000头，有专门的人来销售收购；牛羊贩子上门收的时候，一般是打白条，卖出了再来给钱。一头牛，差不多需要2亩的玉米或青储，牛粪和屠宰的残余可以做有机肥加工，其中主要的风险是病疫风险，比如口蹄疫、炭疽病等。

整个牛羊的产业链条，大体上可以分为：仔牛羊—防疫—育肥—出栏—交易—深加工。整个环节的现状是赊销比较多，环节复杂。在流水线上，农牧公司也在尝试通过流水生产线，按不同部位进行精分割，做成礼盒，外销或者团购。但在进一步的深加工或者冻肉销售上，还没有大规模展开。而在自营贸易方面，从口岸对接了中东市场，进口牛羊肉亏损了4000多万。

如果能够结合新疆的牛羊、宁夏的滩羊、内蒙古的牛羊，将全国的牛羊肉市场进行交易结构的设计和电子化，这将给牛羊养殖的产业化带来极大的提升。

15 花木垂直交易市场

除了大宗农产品和牛羊肉交易市场之外，还有一些垂直交易市场。比如广州有个全国最大的花木市场，而北方最大的花木市场是江苏常州的夏溪花木市场，这是一个80年代开始建设的花木市场，以木本苗圃花卉为主。

产融课题组乡村行走到夏溪花木市场的时候，刚好是在开花卉节，非常热闹。夏溪镇本身就是一个大的苗圃种植产地，因此夏溪花木市场相当于产地批发，规模比较大，甚至吸引了部分广东的花卉到这里进行销地批发，每年的交易流水达到180亿。

夏溪镇在花木市场周边有18万亩种植基地，以个人种植为主，大部分是种植散户，有一部分经纪人主导建立的花木专业合作社；花木市场里面有2万多经纪人，市场全部通过经纪人交易。

作为一种特殊的农产品，花木的标准化是个问题，目前花木市场内一般以苗木的年龄+直径等参数进行标识，而且不同品种这些参数又各自不同；而市场内的交易模式以委托经纪人为主，一般交易市场的会费、押金、竞价和期货等都没有，相对还是比较传统的批发市场。

传统的批发市场主要盈利模式就是租赁费，市场提供摊位租赁，可以购买，可以转让；花木市场主要提供苗木检疫证，由农委的检疫人员针对每车进行发放，但是单个农户是没有的，需要通过合作社/基地或者商户获得，所以类似基于商户或者经纪人来组织专业合作社还是有市场基础的。

在与市场商户的交谈中，我们了解到他们的情况：这是一位90后店主，是典型的二代新农民，在市场有两个铺位，一个自己经营，一个出租给别的商户，已经投入了100多万，主要投入是租金和人员成本，都是自有资金投入；自家还有700亩地，苗圃花木种植，总共有30～40人，基本上是周边农民，人均在2000元/月。

目前的行情市场，是供大于求，花木总体趋势在降价，所以市场商铺经营也是比较难。市场的支付大多用现金，或者支付宝等移动支付，围绕花木市场的经营，这里面也有很多历史遗留问题：

第一，运输问题，市场里面有配货服务和物流服务，直接去找车就可以，包装好了运到目的地，如果是工程单（量大）可以单独报价。

第二，存活问题，花木在进来市场到卖出运输到客户处都有一个存活问题，市场内会有带原土的临时基地，虽然花木的根部都会包装原土，但是运输过程中尤其是到了客户处的存活问题非常关键，毕竟各地土壤气候差异比较大，如果客户处不能存活那客户会直接认为是花木的质量问题。

第三，灰色交易问题，花木经纪人在里面不想价格透明，因为有吃价差或者有回扣的灰色空间。

第四，花木市场的规划，已经比较陈旧不适应现在扩展的需求，比如市场的道路太窄，不适合运输车辆进入。

第五，工程单的标准化，目前工程单客户需要的量和品种比较多，一般通过经纪人，熟悉各家苗木进行采购，各家提供成本价，经纪人把市场价报给工程单客户，在中间赚一部分差价。

我们继续在市场走访，看到很多散户都是开着自家的电动摩托货车来送货，大部分是现货现款；后来，又转到盆栽的区域，盆栽商户告诉我们：他的盆栽种植才20亩地，但是收益非常高，而且是个性化定价，我们当时看到的棚内盆栽价格很高，大棚内的盆栽就要几百万，这些商户都不缺钱，有足够资金周转。

在一个种植合作社的苗圃前，与前来送货的农民大姐聊起来，一般种植合作社的老板以前都是干经纪人的，有客源，所以能把周边的农户整合起来；而农民是松散合作，有固定的品种，定期来送，这些合作的农户与合作社就都是赊销，年底结清；而我们所在的这个合作社的商铺是以水生植物为主，社员都是当地周边农户，种植面积有的是几亩，有的是几百亩；而合作社的商铺是以订货为主，现卖比较少，店内存放的一堆都是当天要运输的订单产品。

从花木市场来看，整合和升级的空间非常大，只是似乎市场、商户、大户和农户都习惯了小农意识，似乎还躺在过去的马车木车上看别的行业的高铁呼啸而过，农产品交易市场的升级还任重而道远。

16 烟台大樱桃的红色水果产业

水果产业一般分为两类：大宗水果和特色水果，其中苹果、梨等是大宗水果，比较常见的大通货，量大价格适中；而荔枝、牛油果、大樱桃（车厘子）等属于特色水果，也叫精品水果，小众价格略高。比如大樱桃，国内的是烟台大樱桃，进口的一般叫车厘子，尤其以智利车厘子为首。

烟台的水果有三个品种：体量最大的苹果、适中的莱阳梨和新秀大樱桃。产融课题组乡村行走特别关注的是大樱桃市场，烟台的大樱桃比较分散，各个种植区的品种和种植规模也不一样，我们就从交易市场入手来看整个大樱桃的交易市场情况。

福山是烟台大樱桃的一个主要产区，其中张格庄镇上的张格庄批发市场是附近大樱桃的一个最大的批发交易市场，已经成立3年多。大樱桃的收获期比较短，整个交易市场从采摘批发到结束只有35天的周期，方圆10公里内的果农都到这里来销售大樱桃，在非收获季节期间，这里作为农村赶大集和农贸市场来使用。整个市场相对比较简单，钢结构大棚和水泥台的摊位，旁边有个冷库和小办公楼。一到收获季，批发市场两边的路就全部被买卖樱桃的车给堵死了。

大樱桃种植方面，土地比较分散，每家2~3亩地，土地比较贫瘠，只能种果树；有的种植大户，也很少流转土地，而是开荒和承包山地，从而积累40~50亩土地，所以规模化还没有基础；目前的大樱桃果树，基本上是从1990年开始，很多果树品种老龄化，销售价格比较低；还有一个问题是果农，当前的老果农没有力气去改造了，年轻人都不在家里，都在城里工作或者打工，现在村里的主力是50多岁到60多岁，几乎干不动了，所以改良品种、升级果树他们都没有动力。

但是，从乡镇角度征地还是有可能的，张格庄镇以农业设施用地征地100亩，第一次60亩，第二次30亩，才形成一定规模；但由于土地分散，还有部分是山坡地，所以机械化很难，又因为时令性很强，人工问题尤其是采收时的集中人工需求是个大问题，导致收获期间周四到周五人工价格贵，因为周四五都在集中采摘为了周六日的销售，而周一二的人工价格就便宜；樱桃的采摘有一定技术含量，需要培训一下才能满足要求，所以集中性的采摘人工需求如何解决是个大问题。

批发市场方面，整个收获期20～35天，果农采摘了用竹篓带到批发市场，批发商来采购，一篓一篓地收购；有些当地的收购商会设自己的采购摊位，现场进行包装物料，也有批发商用当地的代办到地头去收购。

批发市场的开放时间是早晨2点到上午11点，随着时间的变化价格也会有变化；果农一般都是白天采摘，中午休息，晚上整理，凌晨送到批发市场来卖；当地采办赚佣金，以前都是对东北市场，9点前装船运走；现在是面向全国市场，6点开门到晚上6点关闭。

批发市场也有电商公司入驻，果农采摘的大樱桃，在批发市场的分拣线进行分拣和包装，然后发向下一个的销地批发市场、连锁终端或者电商平台的终端消费者。

大樱桃果树一般是4～5年成果，7～10年果树是盛果期，13～14年果树产量就不行了；目前大部分种植比较密，采光差，树形变化不整齐，矮化树，面临一个品种升级的问题。在果树升级或者大棚规模化的时候，也有采取直接移栽，购买3～4年树龄的果树进行移栽，1000元/株，秋冬季移栽，来春即可挂果；也有升级的时候，在大树里面套种新品种的小树，等到2～3年大树的更新直接移栽套种小树。

在生产方面，针对果农没有什么保障，人保有个倒春寒险（3～4月份），根据气象指数进行理赔；而育苗方面，树苗公司比较多，但研发比较少，主要研发还是依靠农科院研发，进行苗木培育；也有大型企业进行无菌培养，但没有规模。

在产地张格庄镇与果农座谈时了解到，果农的大棚种植，一亩地大棚投入8万～9万元，总投入10万元，直接移植盛果期的果树，一株

1000多元，一般都是自筹资金，很难银行贷款；由于大棚可以早休眠、早唤醒，秋埋冰冬以蜂窝煤供暖，提前一个月，4月上市，早期价格高，可以当年收回成本；而早熟品种红灯，120元一斤，早熟的最早可以卖到200元一斤，收益还是很高的。

座谈的大户其中有40多亩地的，有一些是流转的，有一些是山坡地，受冻严重，准备扣大棚，老树，需要土壤处理，同时育小苗，老树一死就移栽；品种比较多，大多是美早，其次是红灯。该大户准备扣棚，2座20万，一亩地2万元流转，化肥5000元，一亩地大棚的毛收入10万；开花结果，一周一次肥，化肥在镇上购买，常年购买的老客户，农机只是用小型农机具，比如手扶的割草机等；由于贷款贷不到，只能自筹资金，寻找合适的农业金融服务。

农户大爷们也在聊：现在种植量大，价格一年不如一年，消费者的口味也不同，有的喜欢甜、有的喜欢大、有的喜欢红艳艳。目前种植量最大的是硬果，30天以上储藏期的，适合飞机、飞机+船、船运等各种储运方式，这也是市场所驱动的。

樱桃品种升级的树苗推广，农户不愿意花钱，政府出钱进行育苗基地；目前的樱桃分级标准，主要是大小和甜度；而社会化服务，主要集中在采摘的人工服务，季节性很强，20~30天，非常集中，这是个难题。从技术的角度看，口感的影响因素：品种、早晚采摘、田间管理技术如水肥等。而水肥技术又可以分为简易滴灌、水肥一体化、部分喷灌，有条件的果农，一次性施入有机肥；常见的是用简易的水肥一体化，还有用测土配肥服务；农户讲实际情况，所以要用示范田和样板来作为引导。

如果能够形成大樱桃专业合作社，产量补贴可以通过化肥和大棚折扣券，收管理费，可以毛利分红；农业需要品牌化，分拣—分级—包装—冷库—销售，溢价收购，市场价 +0.5 元/斤；试点先以大户为主，老果园和新果园的技术不一样，老果园需要改造升级，育苗基地 2~3 年，以比较低的价格给农户。

现在，河南和陕西也引进烟台大樱桃种植，最初形成 100 亩以上的规模化种植；而烟台农户组织和参与合作社的比较少，因为城市比较发达，所以农民的市场化意识比较强，但核心问题是土地少，人均 2~3 亩，一亩地 2000~3000 斤，7~8 元/斤，亩产 2 万元左右；整个过程，开花到结果才 40 多天，很少有病虫害，关键在于短的收获期的采摘，摘不下来就烂在树上了；秋天喂一次肥，冬天喂一次肥，春天修剪一下枝，还不能用有机肥，用有机肥的话成果过小，有些地方用水溶肥 + 喷灌；一亩地化肥投入 2~3 次，2000 元投入，只占收入的 10%；购买农资化肥都是现款现货，贷款很少，樱桃产出比较高，大部分用自己的钱。这种模式，很难刺激农户愿意规模化和联合经营。

针对种植樱桃的果农，在收获季节的采摘工作是个大问题，因为大樱桃采摘需要一定的技术，而且时间比较集中，人工相对缺乏；另外，大户因为量大所以收货进行分拣时比较容易整合，但是小散户都是一篓子一篮子来的，只能按统货价格收然后再分拣；国内水果在包装方面一直没有太大改进和投入，还是简单的纸箱或者泡沫箱，因此需要在包装设计方面加强。

大樱桃的销售，如果是大户的话，一般分几个渠道：一是直供连锁超市，二是批发市场比较大的档口出来采购，到大户地头采购单品，三是电商公司的代运营，也有京东自营和顺丰优选的来抓货；现在也在尝试一部分出口到香港，只是最大的问题是包装，国内的大樱桃一般都是传统的泡沫箱。

目前烟台大樱桃市场，一般东北连锁超市的走单车一天 5 万斤，一车差不多20吨；产地直采的一批、二批和电商平台下直单；物流运输上，北方沈阳用普通运输，南方用冷链车或航空运输。保鲜方面，一个是品种选择为硬果，一个是保鲜技术用预冷等作业，再选择特别的保鲜材料，实现机械化程度，进行标准化预冷、分拣和包装，形成按标准的SKU单元。但直接走顺丰和EMS这种速运走的单件，成本实际上是非常高的。

从大樱桃的数据来看，当前的整个大樱桃产业还比较粗放，体量略小而且周期短，不能形成规模化和标准化，存在着很大的升级空间。

第六章

CHAPTER SIX

产 业

从产业金融化的角度来看，在一二三产的农业产业融合中，一产是基础，二产是核心，三产是流量。围绕农产品的深加工、中高端商品以及有机食品等二产才是创造价值最高的环节，也是打造品牌IP化的核心，突出和提升产地价值的核心，也是金融和资本的核心，只有二产才更容易快速成长为农业产业链的核心企业。

产业投行的模式，关键在于不是只看一两个企业或者一两个项目，而是根据产地的经济特点，打造一个特色的经济生态圈，引进、整合和升级上下游产业链的相关企业、资源，形成产业闭环和经济生态圈，并有效引入资本市场机制，辅导上市公司或多样化融资渠道，实现市场化的资金运作和产业发展。

第一节　产业与电子商务的结合

一、县域的互联网 + 农业产业

县域是农村市场的最有执行力的单元，而农村市场电子商务也不是全部，县域要合理规划适合自己的互联网 + 农业产业，需要结合供给侧改革，真正地调研分析本县的历史文化、人文情怀、原产地农特产和土地规模、种植优势等，以三农产业链升级为核心，围绕农村电子商务和精准扶贫展开本县的互联网 + 农业。

整个县域的互联网 + 农业产业要秉持“政府引导，市场主导”的策略，市场主导的核心是突出农业公司在县域农业的发展中的主导地位，过多政策和补贴反而扭曲了市场，导致补贴的寻租空间和劣币驱良币的现象。

1. 以原产地的农特产品为核心，打造三农产业链的核心企业：农业公司，并围绕消费者需求和市场需求规划农产品发展策略，建设样板农业基地。

2. 改造农民的组织结构，打破原来的单个农户或者家庭的模式，而是以基地 + 合作社的模式整合当地农户，组织农户以土地或资金入股合作社，实现规模化和产业化，并有效引入农资、饲料等上游核心企业入驻，为合作社的社员提供优厚的福利。

3. 打造县乡村的服务网络体系，以农业公司 + 当地文化建设为基础，整合或者整编原来农资服务等体系的县—乡—村的三级网点体系，逐步建立县运营中心—乡镇服务站—村级网点的网络体系，并与村的合作社的社长/理事形成闭环网络体系。

4. 建立农产品分级标准和品质控制体系，从品控入手建立追溯机制，平台引入农科院校及农技服务，从种苗、土地、生物肥、农技等入手帮助合作社（而不是单个农户）实现农产品品质控制，以及为农户提供配套技术服务。

5. 进一步创新农村金融，引入农商行、中信、宜信等农村金融机构，结合村级网点或小超市实现金融业务入村，并进一步合作开发贷款、保险、农业供应链金融服务，并引导政府补贴资金投入。

6. 以农业公司为基础，政府引导资金和配套政策引导，整合当地的农产品批发市场、物流等资源或引入外部资源，打造具有初加工、仓储、物流配送及交易的 B2B 线上线下平台、土地确权交易中心等。

7. 围绕农业公司的农产品品牌规划，引入电商平台，引入新媒体、自媒体和互联网传播，引入电视媒体节目策划，打造本县的一乡一品的品牌故事、新农人故事与农产品包装，进行全渠道传播。

8. 引入中粮、肉类及食品加工、饮料、连锁超市等农产品购销龙头企业，实现当地农产品的订单购销，通过龙头企业的订单来实现“公司＋基地/合作社＋农户”的订单农业模式，并有效利用农产品销售订单来实现供应链金融闭环。

9. 引导农产品尤其是果蔬等就近省市区域性消费，利用区域性物流配送优势，而不是追求全国性电商销售；而干果等食品可以进行全国性电商销售，养殖类的牛羊猪海鲜等，就地养殖并深加工后销售。

10. 政府与农业公司一起建设三农产业融合示范园，提供为合作社、农户服务的公共服务平台及云计算、大数据平台，并引入农业产业链上下游的节点入驻，比如农资厂家、农机、农技服务、农科院种苗研究、电商平台、加工仓储物流配送、B2B 交易中心等统一入驻产业园，实现一站式解决农民需求。

因此，一个以农业公司主导+政府引导的建设模式，可以建设一个融合“电子商务、线下体验展示、O2O交易平台、合作社会员制、农村物流、农村金融、智慧三农服务、智慧农业、生态农业”的农业产业融合体系。

二、产业企业的电子商务

农业产业化不只是电子商务，要从产业链的角度入手。对于农业产业链在农村的电子商务打造，依旧需要各地的公司和代理人来支撑落地。主要原因是：

1. 区域性电商平台，以县域为基础，主要从事农产品和农资。这种区域性平台，会发展大量代理，代理人或经纪人模式，除了线下的发展之外，也会以代理人发展一个小网络+村的社群网络，充分利用农村的社群营销模式，如微信群、QQ群等。

2. 农业巨头企业的电商平台，比如农资的金正大、诺普信，饲料的正大、新希望等。饲料养殖产业已经实现规模化和工业化，但农资类，诺普信的田田圈和农泰金融做得风生水起的，非常热闹，虽然农资品牌打造得好，可是农药是小流量毛利高，很难带动大流量薄利的农化，这是个问题。

3. 农业产业链的农业公司发展的电商平台，在东北以万亩，中原以500亩以内的适度规模化后的基地或者农场，充分实现农业的工业化，现在养殖已经工业化，种植/大田粮食的工业化刚刚开始。在这农业公司里面，除了种养殖之外，还有大量的第二、第三产业；剩余劳动力，占GDP的10%的农业，只能容纳10%的人口，其他的劳动力要往农业的第二、第三产业发展；而这类农业公司通过以资金和订单来驱动农业产业链升级。

4. 新的产业链势力，充分挖掘大田作物或经济作物的价值链。公司建立农产品标准，从农化、农机、农技服务、金融服务和粮食收购等入手，通过适度规模化，降低粮食产品的种植成本，实现大流量的利润收入空间；尤其是水稻、果蔬、药材等种植产业链。

5. 区域的农业机会，品牌电商很难实现，比如佳沃的蓝莓和猕猴桃；从精细化市场来看，专业公司有机会做区域的品类电商，××天麻等，打造品类电商平台，主打老年人市场，养生等；未来，农产品市场会从大路货到精品及差异化方向发展。

6. 传统产业渠道网络，包括苏宁农村电商和海尔日日顺农村电商，都在依托原来的渠道终端体系和品牌优势，布局农村市场；而且开始采取比较开放的结构，比如日日顺的农村电商的治理结构，以日日顺20% +管理层20% +40%经销商/代理+20%核心合作伙伴的模式来设计，比传统子分公司更有生命力。

综上所述，农业产业化与电子商务的结合，要区别于城市消费市场，而是从农业农村的现状来分析设计。

- 农业工业化和规模化还没有形成，目前养殖饲料行业已经产业化，但是大田和经济作物还很粗放；
- 农村市场必须依赖于各区域本地的人来信任背书；
- 服务导向，而不是销售导向；
- 区域的电商平台和区域的品类品牌是可行的，全国性的品牌平台机会比较小；
- 农村市场的核心在于产业链，单个产品切入很难形成整合效应；
- 必须以资金和订单来驱动农业产业链升级，因此对资本和金融服务要求很高。

第二节 水果和农产品的产业链规划

产融课题组在乡村行走中走访了大量水果产地，目前有五个省份水果年产量超过1000万吨，分别是陕西、山东、河北、广东、广西，走访过的四川差不多排在第六，还没有到1000万吨，紧随其后。课题组频繁走访广西，下面以广西水果产业为例来讨论农业产业链如何规划？

一、广西水果产业数据

目前，广西水果产量呈上升趋势。数据显示：广西人均水果产量高于全国，并逐年稳定增长。多个水果产量在全国位居前列，其中柑橘、芒果、柿、火龙果、百香果稳居全国第一，香蕉、荔枝、龙眼等居全国第二。

广西是我国大西南最重要和最便捷的出海通道。独特的区位优势，使广西在“一带一路”和中国东盟自由贸易区建设中占尽地理优势，同属热带亚热带地区，水果交流贸易也日益频繁。中国—东盟自由贸易区建设升级以来，泰国、越南等东盟国家从广西引入百色芒果种植技术，广西从东盟引种火龙果品种。广西与东盟国家均盛产芒果、荔枝、龙眼、菠萝、香蕉、火龙果等热带水果。举世瞩目的中国东盟博览会永久在广西首府南宁举办，为广西水果业带来了良好的发展机遇。

依靠区位和关税的优势，目前广西已经成为我国进口东盟水果的主通道，2015年广西口岸进境水果总量达103.67万吨、价值6.44亿美元（近50亿人民币），进口水果数量已经超过深圳、上海等地跃居全国第一。其中进口水果最多的就是越南水果，80%的比例均由广西入境。

广西崇左的凭祥口岸已成为中国—东盟水果进出口的主要通道，同时东兴、水口、龙邦三个进境水果指定口岸将在投入使用行列。其中，凭祥陆路进境水果指定口岸已经是广西乃至中国最大的水果进出口陆路通道，进口的水果主要有产自东盟国家的火龙果、龙眼、西瓜、山竹、榴梿、荔枝、红毛丹、香蕉、莲雾等。这些水果以边境小额、边民互市贸易方式，从友谊关口岸及浦寨、弄怀边民互市点进境。

广西又是全国最大的甘蔗产区，我们走访的崇左地区尤其明显。崇左目前最大的产业是甘蔗产业链，整个种植面积超过 400 多万亩，部分区域已经实现统一蔗种、统一机耕、统一种植、统一收割的模式。甘蔗的产业链基础是由几家主要的糖厂来形成的，各县组织甘蔗种植、农户种植，政府保底价，农业保险覆盖，糖厂收购并补贴，形成了一个稳定的闭环产业链。需要指出甘蔗产业的不足之处：农民收益不高，每亩利润一般在 600 元左右。当然，也会有些小问题，比如糖厂要求农户必须购买指定化肥，价格为普通的两倍不等，这也是垄断闭环的伤农隐患。

在整个糖业的产业链里面，并不是到收购就结束，需要扩展到深加工等环节。糖业以大型糖厂企业为基础，可以深入打造一个“甘蔗—制糖（或酒精）—酵母—造纸—有机生物肥—生物发电”的循环经济产业链，而在崇左也有着在产或者在建的中粮屯河等糖厂的制糖炼糖等项目，蔗渣造纸酒精等项目，有机肥以及酵母、发电等项目，形成了不同的经济产业园区，循环经济总产值可以超过 400 亿。

在这个糖业产业链中，唯一遗憾是糖业深加工严重不足，下游深加工比较缺乏，因此当地产业也在规划建设糖果休闲产业园，重点发展糖果食品生产、糖果研发、糖果贸易等糖果休闲食品产业。如果这个建设成功，就可以把糖业产业链完善，再结合糖业市场交易中心的建设，改变“有糖无糖果、有产品无品牌、有产量无话语权”的历史，从生产“上游”向品牌“下游”迈进。

二、原产地的水果产业链规划

综合分析广西水果产业的现状，一个原产地的水果或农产品的产业链规划的核心是：夯实上游（种植），重视下游（深加工），紧抓交易（电子化），金融放大（资金资本）。分析如下：

1. 产业链的核心是顶层设计，顶层设计一部分来自原产地，这是政策的顶层设计；还有一部分是来自市场，市场的最典型代表就是产业基金，与有农业投资或水果投资方向一致的机构成立水果产业基金，它可以做好来自于市场的顶层设计。

2. 水果品类规划非常关键，这涉及原产地的土地、种植和历史传统等资源和优势，确定品类和品种，建立起原产地的产品标准，与其他地区建立区隔和防火墙，并形成一定的种植标准，尤其是围绕土壤、化肥、农药等核心品控标准。

3. 土地，土地集约化和规模化很关键，但是又不能盲目进行土地流转，当地政府应该长远设计新模式来有序组织，比如形成专业合作社实现集约化，或者县政府成立土地物权管理公司统一流转，以土地 + 补贴资金入股到农业公司平台，或者通过土地信托实现资产化，这样可以有效有序地扩大种植规模。

4. 减少散户农户、鼓励发展专业合作社或者专业种植大户，由大户带动散户，散户成为土地入股的股东和参加种植的职业农民。

5. 发展土地平整、滴灌喷灌和水肥有机肥，水果和农产品的品质除了土壤、日照、温差等，还跟肥料有很大关系，结合品种的需求大力发展有机肥、水肥，减少复合肥的过度使用，并充分利用滴灌喷灌，实现机械化。

6. 发展小型农机、无人植保，适度发展矮化密植种植，充分实现机械化，减少对人力的依赖，国内普遍存在农村劳动力流失的情况，只剩下中老年农民劳动力，崇左的甘蔗到了收割季节，大量依赖越南劳务输出的人工采收。只有发展机械化才可能充分降低产业链的种植成本，提高产业链的生产效率。

7. 建立水果的区块链平台和水果数字资产，基于区块链创新打造有原产地数字可信标识的比特果，让水果数字资产可以标准化、品质化、品牌化和可溯源、可交易、可融资，并通过创新的水果区块链，吸引高品质要求的水果直采品牌商进行智能合约式的数字资产交易。

8. 建立原产地的电子交易中心，不能让农民散卖到代办果贩，然后贩运到销地批发市场经销，而是要在原产地升级批发市场，实现产地交易和初加工、深加工，通过产地交易中心进行采收的前置分拣，实现分级分类的农产品标准；这样才可以逐步统一交易，掌握产地的定价话语权。

9. 建立水果产业融合示范园区，从物流仓储、交易市场、加工园区、深加工产业园区等，实现产业链集群效应，改变产地只销鲜果、缺少深加工的现状。

10. 规划和招商水果加工企业，初加工的很多，类似果汁、果脯、坚果、水果饮料等，也有加工为果浆等原料的，就地形成加工增值，将原产地的鲜果加工比例改变调整，努力做到30%∶70%的国际标准。

11. 吸引和招商水果贸易商，吸引和整合传统的水果贸易商，他们也在考虑转型，同时又有着大量的线下批发、商超直供等资源，如何融入产业链非常关键。

12. 建设深加工，深加工的含义是一个能够直接接触到消费者端，再一个是中高端产品、客单价和毛利润比较高的深加工产品，比如休闲食品、个性化水果商品，实现与景点旅游相结合的产地产销伴手礼商品。

13. 打造水果银行，结合产地交易市场的冷库等资源，与金融机构、仓库等合作水果银行，实现果农的便捷、灵活的交易、融资需求。

14. 政府建立风险补偿基金，建立价格指数，或者提供保底价，与产业基金一起合作本地的水果产业基金。

15. 普及农业保险全覆盖，整合产业链资源，将收购、加工、水果银行等资源作为保障基础，设计增信机制如风险补偿、保底价等，为种植户提供包括收成险、灾害险、个人意外险和贷款保证险等全方位的农业保险，并实现财政补贴。

16. 提供多层次的金融服务，指望农业银行、邮政储蓄不太现实，要设计多层次多渠道的金融服务，为种植户和贸易商、加工企业提供各种灵活便捷、不同利率的金融产品服务，有效地增加产业链的资金周转率和杠杆率。

在这个完整的闭环产业链中，有好处也有不足。比如甘蔗糖业产业链，会出现类似大糖厂通过高价指定农资损害农户利益；一个近乎垄断的单一品种的产业链会压制整个产业的发展空间，导致其他经济作物异常薄弱等，这是原产地在做产业链规划的时候需要综合考虑设计的。

第三节　农业产业融合平台蓝图

打造一个农产品品类或者水果的产业链，要将一、二、三产业进行融合打造六产业模式；而如果从产业链的角度升级到整个农业的产业融合，这就需要全面考虑农村和农业的问题，打造一个“产业＋智能＋大数据＋智慧云终端”的数字农业生态体系。

农业的产业融合，首先需要一个强有力的抓手，这也是智慧农业云终端的核心。终端要有落地的抓手，尤其是与农民高频互动的抓手，如果从农民的刚性或高频需求来看，目前农资、服务、资金和农产品流通是农民的核心需求，买农资（化肥农药等）占到农民资金需求的30% ~ 40%，农业生产中的农技服务、农机服务、病虫害防治、田间农事服务等也是老弱妇孺的农村劳动力所需要的，而资金也是很难贷到款的农民所亟须的，最核心的需求当然是农民种植出来的农产品能够快速销售出去获得流动资金。

这就意味着，要从土地、种植、农产品销售、消费品、资金等不同维度来设计一个天罗地网的农业产业融合平台，进一步融合物联网、大数据、移动互联网等新技术。

农业的产业融合，最核心的是到达每个村的终端，这个终端可能是一个店，也可能是一个点（服务点或销售点），产融课题组设计的农业产业融合平台蓝图中是一个终端店，作为平台的一个核心支点，来撬动整个农业产业。

终端店围绕农民的核心需求，提供测土智能配肥和集中采购农资订单的农资服务，有统一的POS机具和京东阿里等电商平台的电子货架，提供农技、农化、农事托管、无人机植保等农事服务，提供农产品收购和寄售等流通服务，作为农产品上行和消费品下行的前置库，同时通过多方位的金融服务。

终端店设计了“海陆空”的技术体系，从“海军”的节水滴灌/喷灌技术，到“陆军”的终端店和服务车，还有“空军”的无人机飞防和卫星遥测，然后还有布在土地上的远程智慧设备，如测土仪器、定位桩点、摄像头等。

一、以终端店为支点的“店—车/机—人—库—网”服务产业链

农业产业融合平台，以终端店作为支点，撬动的是“店—车/机—

人—库—网”的服务平台体系。

车是服务车，覆盖到村，提供农技、农机、农事以及测土、无人机等服务，同时还可以作为农资、消费者下行和农产品上行的配送工具；

机是无人机和自动化农机，覆盖到村，农机提供智能化的深耕、播种、喷施、采收等服务，无人机提供无人机植保和施药等，也可以携带专用摄像头监测农产品收成或病虫害防治，田地周边布置的 RT 基站、摄像头和传感器，可以配合农机和无人机同步使用和采集数据；

人是服务专员和机手，覆盖到村，服务专员提供技术服务、测土服务，机手提供无人机飞防作业服务，在田地指定位置打定位桩点等，同时也提供农产品收购、金融服务的代办服务；

库是仓库，以乡镇仓库为主，作为农资下行的中转，粮食银行的基础，也作为农产品集配中心的村镇级中转库，通过乡镇级的仓库，将上行、下行的仓储体系建立起来；

网是三农云，通过三农云，将农业产业的 B2B、大数据、B2B2C、生产种植、土地托管服务等都上云统一管理，并围绕农产品的识别 ID 来建立可追溯、可闭环的系统平台；

在这个“店—车/机—人—库—网”的服务平台体系中，金融是不可或缺的，通过闭环的产业链提供信用贷款、供应链金融、互联网金融等服务，并通过粮食银行实现农产品的多样化融资，通过农业保险为农户生产提供保障，通过理财资管为农户实现更安全稳健的闲余资金增值；同时，乡农钱包也是农户的手里不可或缺的抓手，通过乡农钱包可以进行农业生产、服务、消费等的支付结算、分期贷款等服务，也可以通过钱包直接呼叫农机农技服务，预约无人机植保，预约测土配肥，还可以是精准扶贫的资金托管入口，精准的管理补贴、优惠和数字权益，最后乡农钱包还是农户个人鉴权的区块链钱包，作为个人 IP 化的入口，农产品采收扫码绑定个人。见图 6－1。

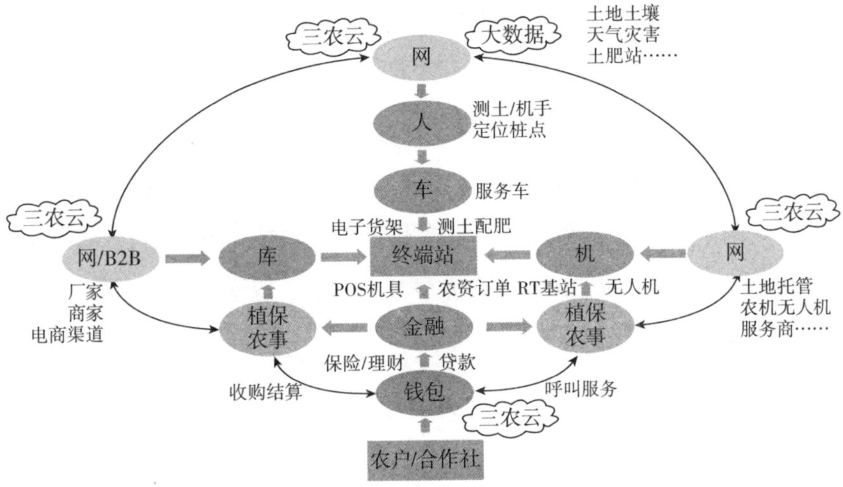

图 6－1 连锁终端服务模式

二、农民的消费零售产业链

农村的消费升级趋势已经非常明显，农民在日常消费品和耐用消费品和家电家居方面的消费居高不下，形成了庞大的农村消费零售产业链。这块市场主要围绕村的小超市或杂货店，一般为夫妻店形式；家电家居的门店一般是在镇子上，大的村落也会有；一般村子里还会有通信运营商、邮政、农资等的终端门店。

围绕消费品零售这块，可以搭建平台，B2B 层面通过县市的商业流通公司或者商业集团，进行统一采购和物流配送，乡镇配备中转仓库；O2O 层面为农村的超市杂货店提供统一的门头、O2O 工具如 WiFi/优惠券/摇一摇、单店管理工具、移动 POS 机、统一的会员卡、移动微店等，实现门店的局部智能化和经营数字化；为农户提供消费分期，为村店农民老板提供流动资金贷款。从而打造一个农村零售的“B2B + O2O + 金融+产业链”体系。

在汽车、电动车这类大额消费上，类似汽车分期已经比较成熟了，而且二手置换市场也比较稳定，所以通过电子货架或者广告画册进行推广，由厂家联合金融机构提供分期付款，村店获得消费交易的佣金。

房屋装修这类特殊的大额消费上，需要通过村店积累的农户的消费数据建立的信用，并结合农资、农产品销售的风控，或者结合土地确权的权证质押，通过建材装饰的销售与分期付款，装修分期贷款等服务，村店也可获得分期金融服务的佣金。

三、农产品的流通产业链

通过县乡村的集配体系，建立农产品的流通产业链、交易中心、农产品 B2B、农产品银行、粮食银行和水果银行。

在村的终端，面向农户建立采收和预处理点，进行简单分拣和初包装，也可作为农产品银行（粮食银行或水果银行）的终端柜台，进行农产品的预收购、寄售、支付结算和融资服务；村终端预处理后，快速集中到乡镇的集配中心，由集配中心进行分拣和包装，统一调度车队进行配送，或者到中央交易中心进行交易和加工配送，或者直接按农超对接标准配送到城区的商超社区菜市场，然后到达消费者。

农产品上行的集配体系，也可以适用于农资、消费品等的下行，中心交易市场进行了农资订单交易后，通过配送车队和乡镇的集配中转库，可以实现县乡村的物流配送下行。整个集配体系实现数据化和可视化。

四、农业的品牌产业链

农业上还有一个不被关注的产业链是品牌产业链，我们经常忽略了农产品或者新农人的品牌打造，如果进一步打造品牌故事成为IP，又可以以品牌为基础进行衍生农产品服务，而这些需要传统媒体、电视广告、新媒体、电子商务互等全渠道进行打造，甚至线下的农产品流通渠道也要进行推广和宣传，并有效评估和打造一个农产品品牌指数热榜。

农产品的品牌不仅仅要突出农产品的故事，还要把与这个农产品相关的农民关联进来，让这个农民的“新农人”品牌与农产品品牌进行关联和绑定，让人和农产品的故事成为一个浑然一体的IP，只有让农民的个人信用与农产品的信用绑定，才可能打造出真正有品质有情怀的农产品品牌。

如果这个品牌能够在农业产业的区块链上，有上下游参与协同的企业节点和消费者达成共识，从而打造一个产业共识的品牌Token，通过产业区块链进行激励和共享，并为农产品赋能，从而降低交易成本和增加品牌价值。

五、农业产业融合经营体

随着农业产业化的发展，原来的村、生产大队或者专业合作社这种农民组织形式，已经不适应新生产力的发展。在农业产业融合体系中，产融课题组希望打造一个农业产业融合经营体，不是简单的“公司+农户”或者“公司+合作社+农户”，而是以产业化的二产农业公司为核心，以金融化的资本市场结构为基础，融合金融服务、产业基金和品牌创新等，农户以土地资产入股、核心农业公司以“品牌+自有基地”，带动部分农户的“小微农场”的订单农业，实现农户与农产品订单的“人单合一”，互联网年轻农民的人人创客品牌打造和电子商务、包装设计、创意农业等。

以上市公司架构设计的产业融合经营体，突出作为农产品深加工或有机食品生产的核心农业公司打造品牌和爆款产品为主，农户的土地资产入股或小微农场的订单农业，可以实现一个以市场订单驱动的大平台，进行订单农业的配单和标准化；品牌打造中，除了核心农企的品牌之外，农民和农产品的“人＋单＋农产品”IP化，成为品牌的有机组成部分。

第四节　产业投行模式来发展农业产业生态圈

建设一个产地的农业产业融合示范园或者一、二、三产业融合发展模式，以前的农业投资或者补贴方式是很难建立持续可发展模式的。这需要引入农业产业投行模式，改变以前的单个农业企业的债权股权投资或者投贷联动，转而结合原产地产业的定位和规划，以上市公司的结构标准设计平台，围绕龙头企业进行产业链的整合和升级，进行产地的市场调研规划、品牌设计打造，进一步进行上下游资源整合、结构治理、平台升级、整合并购，多样化的融资与金融支持，打造一个产地的特色或优势农产品的产业生态圈平台。

农业产业投行模式的关键，一是要抓一个龙头企业为核心的产业链或者产业群，而不是一两个企业，这样可以规模化地降低产业边际成本、提高产业边际收益；二是要以投行思路引入资本运作的结构，用上市公司平台和产业基金来带动整合并购，吸引多样化的融资和金融，提供合理的退出通道。

对于一个产地，省市政府往往有国投、农投、金控等国有投资公司，有大量的农业基金或者扶贫资金，还有农发行、国开行的政策资金，如何围绕一个完全市场化的“农业产业投行”的模式来整合更多的社会资金、产业基金来共同参与到原产地的农业产业发展，这是非常关键的。

更市场化的产业金融公司，用类似的“产业投行”模式来做农业产业金融，因为它们不是政策资金，需要确保资金的风控和收益，所以产业投行模式成为一个方向。例如，海尔金控用“产业投行”的创新模式去做金融，帮助企业进入资本市场的同时，也助力该企业的产业更好地升级发展，为中小微企业搭建一个金融解决方案平台。

海尔金控在进入肉牛行业时，宁夏银川的一个龙头肉牛企业壹泰受困于投入高、生产周期长、资金回笼慢的特性，进入融资困境。海尔产业金融经过前期调研，为壹泰提供了一个产业投行的资金方案。这个资金方案不是简单的提供资金服务，而是提供更多的是围绕该企业的众多产业“资源”。比如：帮助壹泰进行组织架构优化，让内部执行高效有力；升级财务系统，让现金流流畅充沛；科学化管控，引入先进技术提高牛只存活率和质量；引入先进智能系统，解放工人双手；甚至在饲料方面，可以提供更科学的配方；这些都是在加强辅导壹泰成为有内部经营能力的龙头企业；同时，海尔金控秉承产业思维，引入新要素，重构新生态、创造新价值的方式，带动产业升级，通过打造共创共享平台，海尔金控搭载资源方，引入基础母牛、养殖技术、设备资源、零售商、消费者、政府和农户等八项资源，重塑当地的肉牛产业生态圈，从而降低肉牛养殖成本，提高投资回报率，吸引现金流进入肉牛产业生态圈，盘活整个产业链，带动肉牛销售。围绕整个产业的整合升级之后，当地的肉牛生态圈育肥牛出栏时间由 30 个月降低为 18 个月，出栏时间缩短了 40%，育肥利润提升了 27%，牛肉价值较之前提升了 10 倍，这充分体现了产业投行模式的降低产业边际成本、提升边际效益、提高资金周转率的特点。

海尔金控在安徽阜南的“中国柳编之都”，基于产业投行模式，搭建一个柳编的产业平台，在为阜南提供资金协助的同时，把电商、全世界的客户、工艺品公司，以及一流的设备资源商拉进来，共同开发该产业链。“柳编产业生态圈”包括多个电商平台、众工艺品公司、一流的设备资源商等，经过资金和模式的规划及运作，已经成为阜南非常具有特色的产业经济群。当地约有一千多家庭加入了这生态圈，有三千多人在这生态圈利用余暇时间，利用手艺产生了新的致富门道；某个当地龙头企业柳木工艺品公司，利用海尔金控的资金解决方案使销售额翻了一倍，年产值达到了1.2亿元人民币，新增两条生产加工线，有效带动了周边农户的增收，其中贫困人口500多人。

产业投行的模式，关键在于不是只投一两个企业或者一两个项目，而是根据产地的经济特点，打造一个特色的经济生态圈，引进、整合和升级上下游产业链的相关企业、资源，形成产业闭环和经济生态圈，并有效引入资本市场机制，辅导上市公司或多样化融资渠道，实现市场化的资金运作和产业发展。

乡村振兴行走案例

17 羊的产业链

内蒙古以“蒙”字开头的企业，除了蒙牛之外，还有蒙草、蒙羊等。以一只羊的产业链故事为例，理解产业链整合和金融帮助这只羊快速成长壮大。

蒙羊在打造羊的产业链中，主要是围绕“种羊—育肥羊—饲料”这个链条来打造产业链金融，有效支持产业链的规模化发展。由于蒙羊在产业链里的核心企业，作为链主，有自己相关联的种羊厂/饲料厂

（关联企业），有常年合作的养殖户。蒙羊还提供种苗、饲料、药品疫苗、技术指导，以及肉羊回收的收购，采集羊的数据，通过耳钉跟踪和统一养殖，基本上控制养殖利润在一定范围，这是一个典型的养殖产业链。

在这个链条中，蒙羊与蚂蚁金服和中华联合保险合作，统一为养殖户提供产业链金融的贷款和保险（银贷险＋养殖险），授信2个亿，通过这样的产业链金融信贷放大规模，其中中华联合保险做贷中贷后管理，现场审核订单、物流等情况，催收风控也是中华联合保险负责。对于蚂蚁金服的产业链金融，蚂蚁金服除了全面利用阿里系的资源，比如阿里的村淘、网商银行、支付宝等，还与中华联合财险进行深入合作，主要围绕一些标准化、规模化程度比较高的行业，比如新疆兵团、黑龙江农垦、重庆有机菜等产业的金融服务。蚂蚁金服的金融服务会围绕服务主体进行总体的分级服务，比如：小散户，8000～40000元，有旺农贷；中户/个体化，3万～4万，有中和农信；大户/农场/公司，几十万到百万金额不等，有网商银行。

与猪的养殖不同，牛羊的养殖略有区别，但相对种植而言，养殖的标准化程度更高。在蒙羊的产业链中，蒙羊负责屠宰、加工、市场销售，目前签约的养殖大户有23户，一般以农场、公司或者合作社形式存在。

典型的羊养殖大户，羊一般一年三栏，同期同栏5000只，3～4个月一转栏，一年1500万～2000万左右。羊的价格稍有波动，一只羊平均是800～1000元，有时候价格会有波动，一只羊平均50斤，而蒙羊给养殖户的收购价一般高于市场价1元/斤。而对于一般散户，数量大约为200只，一只的成本为400元。

产融课题组还走访了一家呼和浩特的养殖大户，基础很好：养殖场为20亩的租赁地，养殖1.5万只羊，三栏为期160天，一年可出4万~5万头；养殖场分为三个区域：防疫区、育肥区（分开公母）和出栏区；土地是租赁流转的，500元/亩，35万/年；该养殖大户是两个人合伙的合作社，流水1亿/年，毛利500万/年，有20%~30%的资金需求，每年的资金需求为2500万。而附近区域，类似规模的有7家。

蒙羊的产业链金融，当前的不良率为零，因为是在产业链条中挑选的养殖大户，资金需求在200万、养殖规模在2000只羊的养殖大户，这些都是优质大户。在产业链金融的合作过程中，蒙羊并没有止步于与蚂蚁金服的合作，还进一步与海尔云贷等进行合作。其中，蚂蚁金服，资金在300万~500万之间，主要是4~5年的大户，2个亿资金额度；海尔云贷，需要担保，对养殖户的要求少一些，5000万额度；而新模式的互联网金融道口贷和P2P类型，主要是针对应收款的供应链金融，100万左右额度。在这个过程中，蒙羊对养殖大户的规模和需求进行分级分类，将养殖户分为ABC类，同时差异化利率。

同时，蒙羊在产业链建设上，继续加大上游种羊的投入，发展扩大到5万只种羊的规模，都是1万~2万元/只的英国种羊，价值10亿；还进一步加强屠宰产业，占整个产业链的8%~10%；加强零售加工/食品，占比30%~40%。

围绕养殖产业的核心，蒙羊还致力于打造六畜兴旺的交易中心，线上与线下融合，通过耳标对1500万只羊进行追溯，吸引交易流水到交易中心，而交易流水只收10元/只的服务费。在此基础上，进一步扩展到牛羊肉的现货交易、期货交易，最终打造出一个牛羊养殖的产业联盟，实现一个牛羊养殖+肉交易加工的平台，打造一个牛羊养殖供应链的产业基金。

18 猪和饲料的产业链

养猪是一个相对比较成熟和标准化的产业，产融课题组走访的广安生物科技是以饲料为主的产业链，不只是养猪，而是“饲料—养猪”的产业链，业务收入上饲料与生猪的营收比例为5∶5。这个产业链的链条是：“原料—饲料—动保—养殖—种猪仔猪—屠宰—加工—食品”。

饲料主要以猪饲料和禽饲料为主，分两类：预混料、配合料，还有一部分是中草药饲料。养殖场通过买断、承包和参股、饲料供应等方式，涉及出栏60万头的规模。有着20年历史的广安，进一步扩大上游供应的业务，对于原料的采购：维生素、氨基酸，生产料槽、配合料，除了满足自用，还会利用集采优势卖给小饲料厂或者大养殖场，因此有原料的贸易流通即B2B采购；而预混料、配合料等饲料，用于对外销售，包括代理模式和直销养猪场；通过供应饲料+技术服务服务养猪场，也有自营的猪场+场地租赁。在2008年投资猪场集中三种方式：1. 买断，2. 租赁费+承包+联盟，3. 公司+农户和场地人员，公司提供猪苗、饲料等并进行出栏回购。食品方面：打造了自有品牌九月香，刚刚几个月，已经实现近2000万销售额。动保方面：兽药，GMP认证，有着四五千万销售额。

链条的资金方面，原料采购，类似中粮中牧，会给1000万左右的信用额度；贸易流通主要面对小饲料厂和养殖场，原料需要现款；饲料销售，面向养猪场和养鸡场，自营的占三分之一，社会的占三分之二，都是现款；代理商销售占50%，也是现款现货；养猪，50%自有猪场50%联合；其中，与之长期合作并可能深入股权合作的屠宰场，屠宰规模20万头，猪肉销售渠道，销售20多亿，4个亿利润，主要是鲜肉冻肉批发。

养猪场养殖户，一般育肥6个月，养殖需要的资金比较多，主要是饲料成本，肉料比为30% ~40%（饲料转化为肉的比例）；小饲料厂的采购原料是现款，而销售又是应收账款，资金也存需求；代理商需要垫款和压货，对外又是赊销，应收账款很多；这使产业链里面充分存在着供应链金融的机会。

在零售终端方面，九月香品牌的熟食店，销售酱卤制品，一个零售点6~7平方米，单天销售额1500元，主要消费者是周边小区30~40岁消费者；鲜肉，九月香的健康猪肉，中高端品牌定位，直营连锁，商超柜台渠道如丹尼斯专柜。周一到周四一般是1000~2000元/天，周五到周日为5000~6000元/天，毛利润为37%；农产品超市的直营店，销售毛利高，会员销售占50%，时间上有差异：上午10点有中年妇女，下午5点开始有人，6点开始有年轻人，周末有促销和赠品，做储值卡促销活动；九月香的肉比双汇肉价格高出5~6元/斤，毛利40%。

深入到产业链中，对饲料端和养猪端的分析如下：

1. 饲料厂。饲料的80%成本是原材料成本，由商贸公司统一合同订购。原材料的采购资金从流动资金出，而中牧中粮分别差不多能够到3000万额度；厂家给商贸公司一个统一的授信额度（1000万）；而针对饲料厂就地采购的原料比如玉米，由采购中心统一规划。

饲料年产出量为10多万吨，3000元/吨；其中，原材料采购占用三四亿流动资金；饲料厂的五个基地：周口、济源、信阳、祁阳等；饲料终端客户（大养猪场）和代理商，提前三天报计划—生产—物流运输；代理商规模一般在100吨左右，都是当地有威望的人。因此，总体分析来看，整个业务模式与新希望六和 、正大饲料是比较像的。

整理的详细数据如下：一头猪所需330公斤饲料，1吨3头猪，一头猪价1500元左右，要800~1000元饲料。

预混料是广安20多年的主业务，配合玉米、豆粕、麸皮等，科技含量高；猪饲料和蛋鸡饲料，毛利35%～38%，一年调两次价格。饲料销售业务中，业务员是一个县一个业务员，找代理商开发养殖大户，全部现款，如果需要赊销就去找代理商；代理商方面，每年一月份开招商会，邀请40～50个代理商开大会；召开县或乡镇的推广会，10～20人，或者300～500的大会，老师进行讲座。显示的问题是：同质化比较严重，忠诚度低；业务员辛苦奔波，招人比较难；没有合适的系统和工具。

2. 养猪模式。自养一部分，联盟和放养（公司＋农户）一部分，料—猪—钱的产业链联动模式，如养殖服务公司提供：技术服务、养殖服务、产品、销售和未来的金融服务。放养的公司＋农户模式，收购合同随行就市，以猪易网的当天价格＋1元，但要进行品质控制；母猪和仔猪是自养，育肥是放养，因为育肥阶段资金压力大，需要服务专家。提供给终端客户（养猪场养猪户）：仔猪＋饲料＋兽医—提供养殖服务—收购出栏猪，养猪事业部要将300多业务员转型为信息采集和服务专员，远程专家支持。

整体调研分析下来，广安是一个典型的饲料供应链金融，它是饲料产业链的核心企业，它的核心就是采购B2B＋饲料销售＋饲料厂的管理输出＋供应链金融服务，整合上千家大小饲料厂和服务更多的养猪场。

19 玉米产业链的结构和服务

一个产业链的基础是梳理和优化好核心链条，比如一个相对完整的玉米产业链，包括："种子—农资—农机—种植—采收—烘干—收储—饲料加工—秸秆有机肥—交易中心—金融"；而要进行产业链升级和优化的核心，就要改变结构，如何改变结构，改变哪些结构？

- 改变客户结构
- 改变交易结构
- 改变资金结构

首先，改变客户结构，不能完全是单个的农户，单个农户没有生产效率也没有抵抗风险能力，所以要改变客户结构，以合作社和农场等新型集体组织形式出现参与到产业链中。

其次，改变交易结构，把原来的农户买种子化肥种植玉米，收获了卖给粮贩子，粮贩子再转手卖给收储粮库或者加工厂等，这种倒来倒去的交易结构，改变为一个扁平化和电子化的交易。

最后，改变资金结构，打破农户或者大户的自筹资金的主要资金结构，而是利用各种增信和保险等机制，吸引涉农银行、非银金融机构、民营银行、互联网金融机构等多层次多渠道的资金结构。

产融课题组以乡村行走中的一个新疆玉米产业案例来分析一下，产业链升级和金融服务可以如何设计？

新疆某农业公司，主要从事玉米、棉花、小麦、油食葵等农作物种子的生产经营，提供农业技术服务、技术咨询等业务。种植规模方面，当地玉米制种情况及玉米种植情况（含周边团场），玉米种植规模为10万亩地左右，亩均收入规模为800～900元/亩（制种收入每亩约800元，饲料收入每亩约500元），当地的土地集约程度比较小，大部分地块还是农户自种，还没有充分流转，只有少量合作社重报了大量土地。在上游种子方面，沙湾有玉米果穗、玉米籽粒种子烘干线一条，成套种子精选设备一套，年生产种子（果穗）15000吨（约合籽粒8000吨）。

当地所种植的玉米品种主要是早熟及中晚熟品种，典型的春播玉米，成长周期为105天左右，采取灌溉方式；每亩的种子和农资投入，基本上种子要30～60元之间，农资200元左右，大部分为传统肥料

（尿素、二胺、钾肥等），如使用袁氏肥和鑫撒旺等每亩投入约 190 元；而农资的使用阶段和品种及成本，主要是种肥 100 元左右，追肥及滴灌肥 100 元左右。在种植服务方面，一个队会购买农机有 3～5 台大型机械，基本整个种植阶段都有机械参与；但是农户大部分只有自家小四轮拖拉机及小型播种机，农机合作社较少而且目的性不强。在田间服务方面，几乎没有无人植保服务，有部分土地承包的类似托管服务；采收主要以机械为主，多数为农机服务。收获制种每亩约 50～60 元，饲料每亩约 70～80 元。

该农业公司注册成立了兴田园农业种植合作社，主要从事农业种植服务和技术服务。

玉米收割后烘干入库，其中用于制种的烘干 0.5 元/公斤，用于饲料的 0.2 元/公斤，代存储计划 0.1 元/公斤（半年）。该农业公司有一座日处理 500 吨的商品玉米烘干线一条。主要从事商品玉米的收购加工业务。玉米的收购在年初采用预约收购合同，收购入场烘干，入库，年底结算；中储粮收储情况，去年奎屯国库收储量为 2 万吨，按照国家粮食收购标准进行收购，结算为现金结算。该农业公司也在寻求长期的上线合作公司，比如吞吐量大的莲花味精集团进行长期收购合作。当地没有玉米或农产品批发市场，石河子、奎屯有天康饲料厂（大型），其余为养殖散户，比较分散，有一定的量；涉农银行主要是沙湾农商银行和邮政储蓄。

我们以该企业为例，简单地分析一下玉米产业链金融的设计思路：

1. 土地信托。企业与当地政府或团场合作，将土地流转进行土地信托，农户以土地信托受益权来获得收益，将受益权入股农业公司。

2. 粮食银行。玉米有收储为基础，又有大宗农产品作为保值手段，所以可以建立粮食银行（金融部分会有详细介绍），在烘干入库后可以带有金融属性，进行融资、寄售和赎回等。

3. 农业保险。基于玉米的价格指数，农业保险公司提供灾害险、收成险，如果该农业公司作为核心企业进行增信的话，还可以为农户农场提供贷款保证险，从而为农户提供良好的保障机制。

4. 深加工。扩大玉米的深加工规模，作为原料与下游的加工企业进行联动，形成一定程度的订单模式，也有利于对收储入库的玉米有多渠道的销售变现方式。

5. 托管服务。通过农业公司逐渐加强对玉米种植的田间管理和土地托管服务，提高生产效率，降低成本，并能够形成种植的大数据。

6. 产业链金融。在产业链中，该农业公司作为核心的供应链管理公司，以此为夹层和增信，设计农资的供应链金融，农户申请金融机构的贷款来购买农资钱是直接到农资企业农户收到货的模式；大型农机可以有农机分期贷款，或者做农机的融资租赁，也可以该农业公司贷款购买租赁给农户按月付费使用；基于玉米库建立粮食银行服务，为农户提供仓单的融资服务；在烘干入库结算，实现电子结算清算，优先偿还产业链金融中的贷款；农业保险的优先受益人为贷款的金融机构；该农业公司可以基于收购合同和加工收购合同，进行订单或者应收账款的融资。

一个好的产业链，一旦形成闭环，包括商流（订单）、信息流、物流和资金流的闭环，那么就不应该缺钱，缺钱是因为还用牛来犁地，而别人都是用几百马力的拖拉机了。

20 山西苹果产业链

水果中最容易标准化的就是苹果了，苹果基于产地的不同、纬度的高低、阳光的充足等，会有口感和甜酸度的不同，而且外形的大小、色泽度也会有不同，所以很难简单地只按照果型#80、#85、#90 这样来分。比如说色泽度，同样是红苹果，有的是条红，有的是块红，有的是不套袋的高原红，从而价格也不一样，如果再结合甜酸度，又有不同的标准区分，这就需要有一个苹果产业标准。

产融课题组的乡村行走在苹果产区走过山东、山西、陕西和云南，尤以山西最为深入，连续多次走访调研产地。山西的水果主要是苹果和酥梨这两个品类，主要产地在靠近陕西的运城、吉县等地。运城地处三省四市的交界处，运城、吉县、渭南和三门峡，是一个黄河金三角和物流集散中心。运城的水果品种主要有：苹果有红富士、美八和嘎啦，梨有红香酥和酥梨，种植规模超过350万亩，产量570万吨，产值150亿以上。

当前的苹果交易结构是：果农—代办—经销商—冷库—批发商—零售商—终端，中间环节非常多，我们展开来看看：

1. 果农在采收的时候开着电动三轮车或者小货车，到小集市或者冷库前的小市场进行售卖。

2. 大的经销商或者采购商，用现金收购苹果，有的自己收货，有的通过代办从果农里面收自己需要的品种和标准的货，会有部分苹果储存在当地冷库，不同时间销售结算。

3. 运往销地的采购商就直接拉走到销地去卖到批发商，在运城现场遇到的大多是河南来的采购商，拉到郑州的万邦农产品批发市场进行批发，一斤赚1~2角钱。

4. 代办一般是当地的小果行，基本上一斤5分钱的代办费，有时候也会两头吃，但是供货水平质量参差不齐。

5. 当地的冷库也有做散户果农的，从果农那里收来苹果储存，等合适的时候卖出去，或者果农储存苹果，进行寄售。

6. 大大小小的冷库几百个，冷库的储存信息不透明也不共享，经常会在春节前后，采购客户找不到货。

总体来看，整个苹果产业的特点是：农民是半年种植，全年消费，企业是一季收购全年销售；从阶段上看，初期靠资金，中期靠价格，末期靠技术（冷库设备和保鲜技术），一些小冷库基本上6月份之前就要清库，而大型冷库可以一直延续到8、9月份的新果收获；一般苹果交易的旺季集中在7~8月份、中秋、春节、2~5月份这四个时间段；销售上，国内主要发货到东北、长三角、珠三角、西南等地区，出口到东盟、北美、俄罗斯等地区。

苹果出口情况，从大到小，按重量分16个级别，按果型直径分#60、#70、#80、#85、#90果；从出口国家又分西果和东南果，西果指向美国、加拿大、澳大利亚等国家出口，没有配额限制，在#80、#85以上的果；东南果指东南亚如泰国、越南、孟加拉国的出口，还包括独联体的中亚；东南亚往往喜欢小苹果和价格低的苹果，#75以下；俄罗斯的都是#80以上的果；色泽度上按红度来区分，已经有专业设备可以识别。苹果出口平台的宗旨是："互补性，分级分类，符合一带一路，过剩产品到体外消化"。

苹果方面有个创新，郑州商品交易所上了苹果期货，这是对农产品"期货+保险"的创新尝试。苹果期货主要做红富士品种，#80、#85的一级果，当月、一个月、两个月、六个月的合约，交割库为2万吨或4万吨的冷库；目前，一级果采用的是2008年的陕西苹果标准，苹果期货的保险2年以内的免费，证监会承担保险费用。

冷库是苹果产业中关键的环节，它可以使苹果的销售周期从8、9月份的采摘期一直延长到第二年的6、7月份。冷库可以分为自营、客户和混合三种类型，从规模上，可以分为大中小型冷库，1万吨以上的，3000~5000吨左右的，3000吨以下的，300~500吨的小冷库；大型冷库大多为洛川、吉县苹果储存，那些地方的储存费为0.3元/斤；而运城的冷库储存费为0.15元/斤，如果涉及二次储存，即一次入库，二次拉出来分拣包装后再入库，0.30元/斤；所以很多陕西渭南和吉县的苹果或运到运城冷库来储存寄售；冷库的投资规模，1万吨的冷库投资1200万，1.5万吨的冷库投资2000万，相对标准化一些的是用“货架+叉车”模式的冷库。可悲的是，冷库目前信息化程度还是空白，基本上是手工记账。

除了提供储存服务之外，冷库还为采购客户提供融资服务，采摘收货冷藏时客户的流动资金需求较大，非自有资金比例约40%~60%，冷库会根据苹果的质量和行情，提供入库总量的30%~70%~90%的垫资融资，相当于3~8倍不等的杠杆，出库时结算垫资货款和储存费；冷库融资的资金一般来自于周边农民的闲置资金，冷库企业自身贷款也很难，目前提供贷款的金融机构主要是农商行、信用联社，额度比较小而且申请周期长。

从产地实地走访来看，无论是产品标准、冷库建设、标准交易市场建设、果农的技术和服务配套等都非常缺乏。种植规模上比较分散，一般一户十亩地左右，很少有超过200~300亩的大户，分散比例非常大；农民一半外出打工，一半从事果业种植，年轻人都选择打工或者进城，果农现在大多是50岁以上60岁左右的，果农的人均收入在5000元以上/年；苹果配套加工产业，相对比较初级，有汇源等加工厂家进行残次品榨汁（汇源等有生产基地）和制作果脯，年消耗量约30万~50万吨。

果农一年的投入大约为：一亩地化肥300元，农药300元，套袋、人工费用接近2000元；亩收4000~5000斤，吉县苹果收入在1万左右，运城的在6000~7000左右，毛收入在3000~5000左右；没有遇上低价伤农或者冰雹灾害，果农的收入还不错，10亩地就有5、6万的收入；但农业保险比较匮乏，只有一个灾害险，夏季部分产区可能会遇上冰雹，会造成比较大的损失。

果农在苹果收购经销环节处于弱势地位，每天收果了，开电动车、单轮车到冷库或者街口的小市场，送给代办或者冷库收购。价格都是随行就市，由代办每天喊价，当收获的时候经常出现丰收贱农的现象，反而价格极低，果农对于销地或者终端的行情价格并不知晓。

虽然山西苹果并不能代表全国苹果产区，山东、陕西、云南、甘肃等产地的情况都有差异，但借鉴山西苹果产业的现状，产融课题组认为苹果产地是可以尝试从几个角度去进行苹果产业金融化的打造：

1. 建设苹果的电子交易中心与电子冷库平台，实现交易和冷库仓单的数据化。

2. 通过分拣设备或标准箱垛设备等新技术和补贴策略，将部分传统交易引流到电子交易中心实现 B2B 交易（撮合、寄售、竞拍等），或者确权上链到苹果数字资产区块链。

3. 为大型冷库提供金融服务，结合交易平台和电子冷库平台设计苹果供应链金融服务，结合大、小冷库和果商打造精确的行情价格系统。

4. 为农户提供专用 APP 或专用智能手机，提供农资团购、销售动态、行情价格和冷库同步功能。

5. 与生鲜冷链或物流配送公司合伙建设产地的物流配送体系，打造统一的冷链物流车队，为采购客户实现产地到市场的物流配送服务。

6. 基于区块链实现苹果数字资产上链和产地溯源，升级苹果数字资产交易中心，并与苹果期货和农业保险进行联动，实现区块链苹果的金融服务。

7. 打造产地苹果品牌宣传和供应链服务品牌，为采购大客户提供配套服务（信息＋金融＋交易＋物流＋包装等服务）。

第七章

CHAPTER SEVEN

金 融

以前的农业金融，基本上是散兵作战、点射模式，针对农企或者大户，一人一议，人工审核，资源浪费严重，成本高、效率低、周期长，还不能满足农民农业生产的资金及时性的需求。而在农业产业金融化过程中，土地和标准化农产品的权益数字化和资产化是基础，打造农业的上下游产业链和供应链是关键，而交易的订单、仓单、运单和结算单是金融产品设计的核心，同时依靠农业大数据辅助进行风控。

第一节　农村金融的信用、契约和治理

产融课题组围绕金融方面的内容，走访了以大田种植为主的黑龙江种植区，除了大户和合作社之外，还特别走访了本地从事现代农业产业金融的金融机构，详细探讨了农村金融的难题。

一、信用问题

农民的信用问题是个难题，最关键的是农民很难解决土地所有权机制和信用体系的关联。从所有权上看，农民只有土地确权后的承包权，但承包权的质押和处置不具有流动性，所以很难满足当前的抵押和担保的信用模式。土地价格和农产品价格形成倒挂，土地的租赁价格是最便宜的，而土地上的收益大部分让农产品的流通渠道赚取了，导致农民收益处在最底层。不仅如此，农村的传承伦理正在变化，钱成为主流，大部分人没有了匠心和朴实之心，农民也只看短期利益，不考虑长期利益和生态环保。

由于农村保障缺失、土地价格和农产品收益低、机械化程度提高等，导致大批劳动力正在剩余和流失，年轻人都进城务工了，农村变得不再生机勃勃，剩下在村里的都是中老年人和妇女儿童。除了劳动力，关键的还是人才流失，有能力的人才都通过读书出去或者从事商业等进城去了，这些人才一旦离开故土就很难再回来，农村的创新和创业的能力几乎为零。

土地流转的弊端开始显现，专业化或者商业化的农业公司，在流转后的品牌基地运作起来后，快速获得商业化规模化种植的收益，而农民只是拿着比较低的土地租赁流转费用，容易因为不平衡而产生不稳定的事件。

二、契约问题

农民的商业契约精神很难成为稳定的因素。因为保障体系不完善、又处在价格链的最底层，而一些农民又是短期利益者，随行就市，谁给的价格高就给谁，商业契约精神几乎就是摆设，即使是签了种植收购合同也没有用。

某农业企业集中流转了土地180万亩，供应200万～300万亩，公司负责产品销售，土地是农民种植，核心是控制粮食，但随之而来的问题就是农民不遵守契约精神带来的风险。

某农资公司与该金融机构合作农资贷款，合作模式以国有农场为主，相对于散户，农场员工的商业契约还是比较良好；该金融机构进行了风险控制，每户控制在3万～4万元额度，总共230多户，总共放贷8000万资金，一年循环周期后5%违约率；而该农资公司在银行风控的基础上又放大了一倍（8000万），自己进行风控提供委托贷款，最后亏损1500万，接近20%不良率。

还有一些案例，正大农业在黑龙江建立基地进行种植，由基地直接对接正大的超市体系，最终亏损1个亿，核心原因是土地和粮食没有控制，农民直接欠款不还；某当地商业银行，贷款给农民种植，然后卖菜进城还款，谁知道村支书给他们讲这是国家补贴不要还，导致该商业银行亏损10个亿；还有合作社模式，4家合作社联合，大米销售后销售回款又贷款给农民来买化肥等，没想到村委会主任和农民联合欺诈，把钱套出来花了，很多地方农民拿钱甚至高息借贷去赌博，从而形成恶性循环，信用体系遭到践踏。

三、治理问题

诚信环境治理的关键在于执法，几十年前中国的城市化过程，上一代很多农民进城经历了较长时期的自我提升，而现在的农村，农民对民法和刑法的理解几乎空白，城市的老赖已经可以法院执行或者黑名单进行限制消费，而农村却很难对违约的农民进行执法。

单个散户农户很难算作经济主体，从而不算是商业契约的当事人，只有种植大户才算作经济主体，或者该种植大户背后的合作社、农场、农企才算作经济主体，所以导致现在的三农产业链面对的是大户或者农场、基地，而不是单个散户；

土地的流转或集约化可能在未来十年将不再是问题，年轻农民转移到县城或者城市，老农民退休或者死亡，土地自然流转成片，越来越多的农业公司、农场或者合作社成为经济主体，这样农村的商业契约治理才可能具备基础。

在大规模的经济环境下，散户农户只能随波逐流。看一看黑龙江的玉米种植情况，黑龙江的粮食一共6500万吨，中储粮是1000万吨；粮贸公司，差不多500家水稻加工厂，1000万吨；而粮食的成本和价格已经与国外同类产品没有竞争力，价格要比国外的玉米到港价高50%。一个是居高不下的土地成本、人力成本，一个是三农政策和补贴的中间环节无法落地，而玉米价格又不断下跌，这种市场环境让个体的农民很难理性生产，只能寄托于大规模产业化农业生产。

第二节　农村金融的风控和保险

一、农村金融风控

产融课题组乡村行走了这么多地方，听到的都是农户贷不到款，农场贷不到款，银行不良率高，金融不愿做三农领域业务，做三农主要是赚个政治分，然后有国家补贴。

说到农村金融的背景，农村的情况比较复杂。农业有小微企业或者大中型企业，农村有组织比如合作社、村超市，农民有个体农户、家庭农场等，而历史原因导致农民没有合适的抵押物，联保形式又是被验证的失败模式，所以农村金融一直是个老大难的问题。

当前的现状，小微或者农村的信贷利率，年利息在15%～20%左右；这些信贷的不良率，平均也在20%左右。可以想象，为什么传统金融机构不愿意做？

无论是涉农银行的农业贷款业务，还是金融机构如信托、产业金融、民营银行，或者是初入三农领域的互联网金融，都绕不开对农村金融的风控。各家的方法都不同，有的是依靠政府和担保下去开展业务，但是人力成本高做不了小单；有的是依靠牌照，为龙头农企做通道业务；有的是利用高利率和当地的渠道代理，来覆盖高风险。

但如果要认真分析，农村金融的风控其实有三个关键点，掌握了这三个点，就能够有效地把控风险，当然做好了才能真正地控制风险。

1. 信息透力

因为农户和农场、农企大多还是在一个信息不对称的状态下，所以在三农金融链条中，谁掌握信息越多、谁就越能够承担风险或者控制风险。这也称之为信息透力，其实就是信息透明度，而在信息透力方面，离个体农户最近的是村干部或者村里的超市店，再远一点的是乡镇里面的服务商或者服务体系，再远才是银行或者金融机构。这就意味着银行反而掌握的信息较少，从而他的风控能力有限，导致风险就相对较高，而对于天天厮混在一起甚至能够直接影响农户的村主任，他的风控风险自然相对较低，所以谁信息透力最清晰谁来进行风控。

2. 产业链位置

要获得信用，或者信用付，农户和合作社、农场就要参与到大型涉农企业（如宜化的农资龙头企业、中粮的粮食加工企业、温氏的养殖加工企业等）的价值链条中，参与到这些核心企业的价值链条中，就有了信息流或者资金流，或者商品流，这样因为可能是二度、三度甚至四度关系的往来数据和交易，获得了产业链里面的信用。如果只是孤家寡人，那么很难有往来的企业给你带来的信用。由于产业链位置有远有近，所以，一个看这个农户有没有参与到一个龙头农业企业为核心链主的价值链条中，再一个看谁在这个链条中离农户最近？谁离农户最近谁来进行风控。

3. 风险处置

有信用就有风险控制，风控必然少不了催收、兜底或者变现处置，对于三农领域的风险一般就是变现处置。在风险处置上，谁离得最近谁就最有优势。比如农户的土地经营权证，质押给银行最终坏账进行风险处置，这些土地对银行毫无用处；但是，如果先质押给村里的村干部或者大户，一旦坏账就流转到村委会主任或者大户，这些土地对于离得近有能力处置的人则变得有价值。所以，风险处置的位置和变现能力，是个十分重要的问题。

4. 大数据风控

农村的超市进行数字化，每个农户的消费数据、便民服务的缴费数据等，可以为农户建立一个初步的信用模型；而农户的农资消费和使用、农机的购买或者租赁等，结合上下游的土地流转、农产品销售等，则产业链里面占据了一个位置，这个位置则有可能成为具有产业链信用的节点。

对于农村金融而言，如果从第一和第三点来看，选择一个离农户最近的金融“代理人”非常关键。这个代理人，一则采集信息和掌握动态，二则可以就地进行处置和变现。只有有了合适的代理人，才可能把农村金融搞起来。而从第二点来看，农村金融要让农户参与到更多的价值链中。农村的产业链有农资产业链、农机产业链等，还有农村超市消费的价值链，这些不同的价值链中的数据和上下游关系，可以很好地为农户建立起信用模型以及产业链的信用付的基础。

所以，解决三农金融的风控问题，农业产业链金融是个很好的切入点。一个人站在那里，和站在一条流动的价值链洪流中，是完全不一样的！

二、农业保险

农业产业的发展离不开农业保险的支持和保障，除了农业险试点的人保和中华联合财险，其他保险公司也在不断试水农业险产品，平安保险成立了三农保险事业部，安华农险和中原农险在不断开拓农业保险业务，产融课题组在乡村行走中与各家保险公司进行了深入的沟通交流。

围绕农产品的品控和溯源，保险公司推出了农产品保真险，简称农真保，主要围绕农产品的品质，实现追溯和打假，只要是厂家授权的经销商列表，扫码就可以保真打假，出现假货由保险公司先行赔付消费者，厂家对授权经销商进行制约和管理。平安保险已经与褚橙和网易猪进行了农真保产品的合作。

围绕蔬菜种植，保险公司推出了灾害险，针对天气灾害可以赔付大棚损失等。针对粮食和蔬菜，当地物价局或者交易市场有指导价格的，保险公司可以提供收成险，来保障农户的一部分收入。农业保险公司的业务推广，依托于各地分公司和业务团队，进行农业保险产品的销售和推广，也有大量的协保员，协助推广销售并赚取一定的代办费用。

保险公司后面，还有再保险公司，专门为保险公司提供创新型保险产品的再保险，类似于给农业保险再上一个保险，一般都是国外的再保险公司，他们会带来美国、德国和以色列的创新型农业保险产品。

美国农业的农业保险 80% 是收成险，这样覆盖了价格风险和产量风险，主要针对大宗农产品，与发达的农产品期货进行结合；而中国农业，依托于财政补贴，围绕大宗农产品的价格指数来做价格保险，而这个农产品价格指数往往来自于物价局，没有成熟的农产品期货市场来对应。但国家方针政策是，把以前的财政补贴，逐渐用保险的方式推送到种植的农户，通过保费补贴来直接让参加生产的农户受益；同时，国内的大商所和郑商所也在不断开发农产品期货市场，希望能够期货 + 保险的联动来为农产品提供保障，比如前面提及的苹果期货。

同时，围绕农业的保险产品也在不断创新。比如农业险的保险组合，履约保证险 + 养殖险的套餐销售；比如银租保联动产品，即银行 + 保险 + 租赁的联动。平安保险在乐山与新希望进行试点，一个县原来的销量为 6 吨，基于银租保金融服务带动到 60 吨，主要模式是“平安银行 + 平安保险 + 平安租赁”的银租保联动服务，平安租赁提供活体租赁服务，把母猪或猪仔租赁给养殖户（不需要购买按月付租赁费），饲料由平安银行垫付（相当于发放贷款），新希望提供猪仔和饲料，平安保险为养猪户提供养殖疾病险、农真保和意外险等保险，如果养殖过程中出现问题，平安保险在新希望核保后先赔付给养猪户，收取一定的代办费 1% ~2%。整个业务是平安银行、平安保险和平安租赁进行联动，带来的边际效益得到大幅提升，帮助农户解决了实际问题。

在河南的养殖业务，除了养殖企业和保险公司之外，畜牧局也全程参与养殖险，三方到场进行核查理赔（保险 + 畜牧 + 农户），然后快速理赔。河南的龙头企业雏鹰农牧、南阳牧原、广安等都是积极推广养殖险的核心龙头企业。

在湖北的蔬菜业务，大棚灾害险的80%保费是财政补贴，农户只需要交20%；而价格险，要根据物价局的价格指数，政府统一确定，同样是80%补贴20%自交，政府会对重点支持的品类提供价格险（收成险），比如莲藕、冬瓜、菜薹等，根据物价局的官方网站和农业局的菜价监控，作为指导价格，保额以指导价格的60%～80%作为保价保收入，保费80%补贴20%自交。同时，提供一部分小额履约保证保险，大户20万额度、企业200万额度，保费为3%左右。

在新的农业政策里特别提到了保险与期货的联动为农业继续保驾护航，借鉴国外用各种保险来代替补贴为农业保障，国内农业也到了大力发展农业保险的关键时刻了。

第三节　农资供应链金融

大田作物的种植，土地肥沃、规模化的东北一直是关键种植区，玉米、水稻、马铃薯等都是重头戏，产融课题组围绕大田作物种植的农资供应链和金融服务进行了深入调研和落地实践。

随着产业和市场的调整，玉米产量不高价格又低，导致农民毛利低收入少。试点的农资供应链金融面临很多困难，首先是当地合作伙伴的选择非常关键；其次要根据种植品种和规模确定服务的套餐，再确定金融服务；还有时间点的连贯性，从冬季备肥开始就要早切入，而不是等到春耕，这就意味着1、2月份入户到5月份用肥时间都是关键阶段；涉农的银行，农行、邮储的效率比较低，上传下达成问题，分行对涉农业务很积极，一到县支行效率就变得很慢。

在农村推广金融服务，选择的银行尽量要终端网点能够覆盖农村的，这个条件是蛮苛刻的，因为能够覆盖农村的没几家，各地情况不同，一般大多是农行或者信用社（部分升级为农商银行），还有一小部分是邮储，再加部分区域有国有四大银行的移动终端代办点。农民总是需要有个终端网点才能完成金融业务，而不可能完全依赖于移动支付和银行卡。

一、农资供应链金融环境

做农资供应链金融，实际上是在做B2B，而不是完全的B2C直接到农户，先做的是原料肥到复合肥厂或者贸易商；然后通过测土配肥机的发展，开始混肥前置，原料肥、微量元素等直接通过智能配肥机面向终端农户，这是一个大变化。这种交易结构的改变，也将为农资供应链和金融服务带来巨大的变化。

农资供应链金融的设计是围绕核心龙头企业——农资企业，比如中农或宜化，与金融机构和经销商合作为农户提供农资购买的贷款服务。农户在提交农资购买时可以选择现金或者贷款，当贷款时平台会进行初步的信息审查和信用审核，金融机构审批后贷款资金不是给到农户，而是按受托支付协议支付到农资企业，农资企业把所订购的农资通过经销商交付到农户，并由经销商提供配套服务，当一个收获季结束时农户在卖粮后偿还金融机构贷款，经销商在里面承担着服务保证金的角色。整个金融服务产品围绕核心企业，融物不融资，农民见不到钱，而是拿到所需要的农资，销售农产品后优先偿还贷款。通过平台实现了信息透明，资金和物流同步匹配。

从农资的市场来看，销售最多的还是尿素、二胺这些元素肥。农资的整个链条，从原料到复合肥工厂，再到经销商和零售商，通过夫妻终端店卖给农民，这里面原料销售有应收账款账期，经销商有流动资金需求，农民有购买农资的资金需求，这都是普惠金融的机会，也形成了农资供应链金融的市场。

产融课题组的实践落地中与很多涉农银行进行了沟通，有很多银行希望做三农业务的，无论是政治任务需求还是看好三农市场。比如在内蒙古，工商银行非常希望做全区的三农金融业务，农户的单户贷款利率可以较低，额度在20万以下，这是非常好的方向，但如何落地是个关键问题，毕竟工行的终端网点不能覆盖所有农村，所以如果能够解决落地的地推团队、终端点和信用问题，农村金融将会是个巨大市场。

但当前的银行不改变机制和模式，是很难有突破的。在合作过程中，银行的效率低下，农户3月申请贷款6月才审批完放款；一个村如果不满20户，银行就不做贷款业务，因为银行员工下到村的人力成本高；贷款业务，总是想让农户提供抵押和担保；类似的问题，基本上很难深入到农村金融的实际推广中。

未来农村市场，对应农民和大户的不断变化的需求，需要的是多渠道、多场景的差异化利率的金融服务，包括周期长利率低的涉农银行，也有周期适中利率适中的产业金融如海尔云贷、网商银行或农商行村镇银行，还有快速放款利率较高的互联网金融平台，这些将形成在农业生产流通过程中的差异化利率、分阶段融资、第三方清算的农村金融服务体系。

产融课题组在农村供应链金融的试点中，涉农银行与农行合作、与农商行和城商行合作，基本上利率在8%左右；与网商银行、产业金融平台等合作，利率在10% ~12%左右；也有更快放款的互联网金融平台的合作，利率在13% ~15%左右；整个供应链金融产品实践，利用多渠道资金来源和风控方式，设计了多渠道多场景的差异化利率的金融服务，全方面地为农户服务。

二、设计农业产业链金融产品

农业产业的供应链金融产品的设计，需要上下游进行互相整合，因为农业产业链往往没有成熟的上下游结构，所以一般需要设计一个夹层公司来进行产业链的整合，本质上就是一个供应链管理公司。这是农业核心企业在整合上下游产业链时最常用的方法。

我们以前面举例的饲料产业链的核心企业——广安生物科技为例，来看一下产业链金融产品设计的思路。为了进一步整合产业链，提供更多的产业链服务和供应链金融服务，广安生物科技成立了猪拾保养殖技术有限公司（以下简称“猪拾保公司”），推出“良种保障、良料保障、良舍保障、良法保障、信息管理保障、兽医保障、环保保障、销售保障、融资保障、养殖保险保障”十大保障体系，与上下游的广大合作伙伴共享资源，提供解决方案，实现共赢发展。这就是广安的夹层设计——“供应链管理公司”，有了这个供应链公司，除了提供十大保障这些产业链上下游服务之外，还可以进一步设计供应链金融产品。

供应链金融产品设计思路如图 7－1 所示：

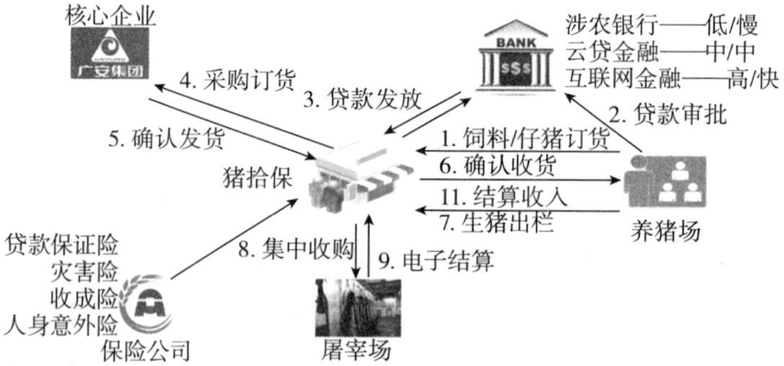

图 7－1

具体的供应链金融产品方案这样设计：

下游养猪场与供应链公司猪拾保签订采购饲料、仔猪、动保等合同，签订统一收购出栏猪销售到屠宰场（集中销售价格有优势）。

下游养猪场、猪拾保和金融平台签订三方协议，约定资金闭环和受托支付；上游养猪场融物不融资，见货不见钱，当养猪场选择金融平台的贷款购买饲料、仔猪时，贷款资金定向支付给供应链公司猪拾保统一进行采购饲料、仔猪等生产资料，猪拾保向核心企业广安集中采购饲料、仔猪后交付养猪场养殖生猪。

生猪出栏销售时，由猪拾保统一收购集中与屠宰场谈价格销售，销售款优先偿还金融平台的贷款本金与利息。

农业保险公司提供借款履约保证险，受益人为金融平台。这样，既避免了传统的核心企业需要进行担保，影响上市。又将多种来源的金融平台融合进实体企业的产业链中，形成多样化的融资渠道，有效地推动和放大业务规模。

为了形成真实可控的资金闭环，该供应链金融产品结构中又提供了订单系统和供应链金融系统，通过系统平台来跟踪采购系统中饲料、猪仔、疫苗的真实订单；金融系统中的贷款申请与审批和跟踪等实时数据；为金融平台资金方和农险公司提供监管用户权限，便于实时查看系统运行数据；采取三流共汇的新消费方式，把信息流、资金流和物流通过大数据管控，通过供应链金融系统科学地将贷款申请、授信、消费和贷后风控管理集合于一体，确保信息流、物流、信息流实时查询、跟踪，形成了有效的增信手段。

看起来供应链金融产品结构的设计比较复杂，但基于供应链管理公司基础上的风控和增信机制设计好后，就可以持续不断地复制和拓展到不同的贷款客户和提供资金的金融机构。

产业链金融还可以进一步发展到大产业链，不是从单个企业的产供销供应链上下游，而是一个产业的上下游经济生态，比如上游的种业、土地、农资入手，种植养殖的一产和深加工的二产和农业产业经营体，再到产业的交易中心和交易所，进一步延伸到零售连锁终端或者餐饮连锁终端，深入到市场端，再结合银行、小贷、保险以及产业基金对整个产业链提供金融支持，从而打造一个产业的闭环和产业链金融体系。

第四节 土地银行和粮食银行的创新与升级

一、土地银行

三农的核心问题是土地产权问题，这个问题现在正面临巨大的挑战，一个是农村的人才和年轻劳动力都输送或者流失到城市或县城去了，一个是农村的剩余劳动力都是老弱妇孺，基本上是55岁以上的农民，种地越来越不赚钱，尤其是大田作物（如玉米等），忙一年收益才400~500元/亩，导致很多区域的土地闲置、抛荒非常严重。

土地的三权分置和确权流转的政策，恰好对应了这个现状，可以进行适度的规模化和集约化。因此，土地流转开始推动，也有部分区域在试点土地银行的模式，这些都成为三农产业链的源头——土地资源的核心。**现在是农业的一个窗口期，也就是快速拿到土地资源的最佳机会。**土地是三农的核心资源，耕地就那么多，流转完就没有了，掌握住土地就掌握住了产业链的核心资源。

土地银行，不是简单的土地流转，而是采取银行运作模式，农民自愿将土地承包经营权存入土地银行，收取存入利息，土地银行再将土地划块后贷给愿意种植的农户，收取贷出利息，种植农户则按照土地银行要求进行种植，实现了土地的规模化、集体化、集约化经营，土地银行赚取差额利息用于自身发展，建立风险资金等。为保证存入土地能够完全贷出，土地银行还引进农事服务龙头企业并签订合作协议，由企业为大户提供种子、化肥等农资和技术指导，并同大户签订产品收购保底价，降低了种植大户的种植风险，有效地调动了种植的积极性，促进了农民收入增加，实现了土地银行、农民和龙头企业三者之间的利益互动。土地承包经营权流转后，农户家里的土地不用再操心，有土地银行统一经营，腾出的富余劳动力，通过就业培训输出，到外地务工，农民不但获得务工收入，还有土地流转收益和土地银行分红利益分配。

这与之前信托公司的土地信托有异曲同工之妙，信托公司将土地权属资产化形成土地资产的受益权（基本地租 + 超额收益），统一将土地租赁给农业经营公司进行种植和确保土地的租金收益和超额收益，并引入产业链的农事服务商提供种子、化肥、农技、植保等服务，或签订包销收购订单，确保收益。

土地银行的核心是**土地定价**，要根据土地的地理位置、肥沃情况、土地质量、种植类型、产量、升值潜力等，评估出最合适的土地储存价格；当然，也可以不对土地进行复杂的定价，而是针对土地上的受益权进行定价，受益权的定价相对比较简单，对应当前市场的地租价格、农产品产量和价格等即可计算出来。也就是说土地评估模型，可以不定价土地，而是定价土地资产的受益权。

土地银行的整个流程，类似于银行业务，土地存入到土地银行，农户获得储存价格的租金；土地银行零存整租，平整后贷给农业经营公司或种植大户，获取来自于储存价格、开发价格和贷款利息等组合计算的租赁租金和收益，土地银行再将超额收益以利息或者分红的模式给到农户。同时，土地银行依托涉农金融机构，为存贷者提供金融服务；也可以与信托公司合作，将地租的受益权资产化，形成信托受益权，农民可以继承、转让、赠予和交易等。

实际上，农村土地银行就是具有存贷、置换、整合、土地质押、出租土地和农业保险等业务，承担信用中介的土地流转机构。那么，政府或者国有企业要不要参与到土地银行？如何评估价值并制定相应合理的级差存储租金？这就成为农业产业的关键。

产融课题组整理了一些相关案例：

1. 成都2009年开始着力探索试点的“土地银行”，具体运作模式是指政府出面组织，把某一区域农民的承包地使用权、农村集体建设用地使用权，以及“拆院并院”之后的农民宅基地使用权分类整合，“零存整贷”，加快农地流转，推动农业产业化和规模化形成。

2. 河南临颍土地银行，注册名为河南汇农土地流转发展有限公司，是主要面向农民和新型农业经营主体，以开展农村土地“存入”和“贷出”为主体业务，以促进土地规范有序流转为基本职能的准公益、非金融类混合所有制经营实体。2015 年 3 月初启动以来，土地银行以土地承包经营权为抵押，发放贷款 1300 万元，支持流转土地 1. 77 万亩。

3. 2011 年，河北永清探索土地新政——“土地托管制度”，在自愿、协商基础上，让农民将自己的土地以承包经营权作价入股，存入“土地银行”，按年领取股息，入股的土地由土地托管中心实行集中托管。

4. 鹊山村成立“土地银行”，把农民的零散田块整合起来，类似于银行的“零存整取”，对全村土地进行了整体流转。土地银行与承包农户签订流转合同，流转费每三年进行一次调整。按照这个方式，该村4500亩农田全部完成了流转，由土地银行把土地划片贷给水稻、蔬菜、养殖和苗木四家合作社统一管理和经营，实现“双种双收”的双季种植，并由合作社统一免费提供优良种子，提供相关技术服务，预计粮食增产1600吨，人均纯收入增加500元。

5. 中国台湾土地银行，成立于1946年，属于官营银行。其主要职能为：调剂农业金融，配合政府推行国民住宅和都市平均地价政策，办理土地开发、都市改良、社区发展、道路建设、观光设施等一系列的金融业务，同时也办理一般银行的存款、储蓄、放款、汇兑等业务。

6. 法国的土地银行，全称为“法国土地信贷银行”，成立于1852年，存在的历史近150年。它是半官方的金融机构，承担着实现法国政府住房政策和发放长期优惠贷款的业务。

7. 德国的土地银行，全称为“土地抵押信用合作社”，成立于1770年，是成立最早的土地银行，土地抵押信用合作社，是政府的土地银行，它的设立，是因为当时普鲁士王朝为了解除高利贷的盘剥，使大量资金流入农村以振兴农业，具体运作程序为，用土地作为抵押而获得长期贷款的农民或地主，联合起来组成合作社，将各自的土地交合作社作为抵押品，合作社以这些土地为保证发行土地债券，换取资金，供给社员。

土地银行的业务比起土地流转更加深入到农业产业链中，而且也通过超额收益的利息给农户更多的除了地租之外的收益，这比单纯的土地流转拿一份地租更合理。但是，围绕土地银行的金融业务还是比较简单，能不能利用新的金融科技技术和创新业务模式，打造一些新的融资服务呢？比如基于区块链技术，土地评估存入后获得数字化的地票作为数字化的物权权证或者分红受益的数字化权证，土地银行的账户里面有地租现金＋地票，同时为有地票的农户免费赠送电子保险，土地银行以土地入股到农业经营公司获得收益和分红，分红按地票分配到农户。农户可以继承、转让、交易、赠予地票。也可以在金融资产交易中心上交易地票，获得流动资金支持。

这样，可以实现土地的数字化和货币化。如果结合下一步的农产品，还可以做更多的货币化的权益设计，甚至可以相关产业链内的农业项目募集地票来获得足够的土地，这样就又有了丰富多彩的金融业务模式。

二、粮食银行

粮食银行从最初的口粮的代储代加工，到商品粮的储存经营分享收益，再到现在与互联网和创新相结合的金融模式，它正发展成为农业领域的供应链金融＋互联网农产品消费金融的有效补充，并与大田作物类的仓库和马铃薯水果类的冷库相结合，实现了电子结算、数字账户、产业链内支付、理财、融资和资产交易等类金融业务。而且，新模式的粮食银行开始与移动支付的钱包、产地粮食的电子交易中心以及村镇银行的存款贷款和发卡相结合，真正成为一个融合了移动互联网和金融创新的为农民服务的“银行”。

（一）粮食银行经营模式

1. 存取粮

（1）农户开立粮食存折账户和办理村镇银行账户业务，签订存粮协议，办理开户手续。

（2）农户将粮食运到最近的粮食银行的签约仓库，使用烘干设备，也可以预约粮食银行提供的收粮运输服务收取运输费。

（3）粮食银行对粮食进行质检验收，按标准入库，存入农户的粮食存折，详细记录粮食的种类、等级、重量等明细。

（4）拥有一定量的粮食存折的农户成为电子交易中心的会员。

（5）粮食银行的签约仓库依据标准进行储粮，免费 3 个月，超期收取保管费，最长期为 6 个月，到期仍未取走或赎回的将按国家最低收购价进行寄售。

2. 融资

（1）粮食银行联合村镇银行为存量农户提供粮食抵押贷款，农户存粮后可以申请个人贷款，村镇银行核实了粮食银行确认的粮食种类、数量，评估给予额度，并在粮食银行的存折上维护质押状态。

（2）村镇银行将额度和抵押合同确认后，发放个人贷款到农户的村镇银行账户中。

3. 结算或交易

（1）农户可以根据行情自己取走粮食进行销售，结算保管费和手续费；也可以通过粮食银行的电子交易中心进行网上交易，交易手续费。

（2）农户也可以到粮食银行的签约超市兑换成品粮油，签约超市用统一配发的智能 POS 机，农户用粮票或者电子粮票进行消费兑换，粮食银行与签约超市结算。

（3）交易结算和电子交易结算通过存管银行进行封闭式交易模式。

4. 货币化服务

（1）粮食银行与产业链上下游企业紧密合作，为农户提供储粮、加工、兑换和产业链内购买。

（2）集中购买农资，购买农机，植保服务，都可以通过粮食银行的粮票进行预约和预付款项，支付服务费，或用粮票冲抵服务费。

（3）存入粮食银行的农户粮食所有权转移，形成货币化交易，拓展粮食银行的货币化功能，并根据农民自愿，采用“一次储存、二次结算”或者建立“固定利率”“浮动利率”等合同制度，实现农民存进的是粮食，取出来的是具有利率的货币。

（二）核心要点

粮食银行针对三农的难点，解决了诸多农民尤其是大田作物种植的问题，比如：缺少资金快速投入再生产；农户没有储粮条件，粮食损失比较大；烘干入库解决了农户集中晒粮的问题；避免粮食集中上市带来的粮价波动，农户可以合理安排时间实现粮食的合理价格销售；粮食入库也避免了收粮时集中外运，影响交通，形成交易瓶颈；粮食银行也逐步促进集约化和种粮大户。这些都是对三农的有效推动和补充。

粮食银行的存粮模式，对照银行业务，可以分为以下几种：一是活期，粮权不变，存粮有息，保底加价；二是定期，约定增值，到期支付，一年期两年期，到期按约定取现或兑换商品；三是分红，利润分成，损溢共担，合伙管理人模式，20∶80；四是付息分红，享受利息，损溢共担，低利息，损溢50∶50；前两者为保本，后两者为不保本。

粮食银行的收费方式，基本上分为：折率、保管费，进仓费出仓费保管费，自然损耗，搬运费，利息、质押贴息、物流服务费等收费模式，经营类的粮食银行还会进行期现套利的操作。

粮食银行也不是没有风险，它可能面临的风险主要是粮食的价格波动，库存不够的挤兑风险，还有就是信用风险和道德风险。这就要求对粮食银行要有一定的准入限制，同时要求有储备粮和备用金的机制。

粮食银行要做好，就要具备一些核心能力：要有粮库或冷库；要有销售能力，尤其是粮食的变现能力；要有加工能力，有烘干设备；要有粮油食品深加工能力；要有资金能力；要有产业能力，能够集中采购、测土配肥、植保服务。只有具备这些核心能力，才有可能把粮食银行做好做强。

（三）新的粮食银行设计

总的来说，粮食银行就是面向农户的“统种统购，烘干存储，存取自由，保价增值”的类金融服务，主要业务围绕：确定折率、存粮登记、兑换代储、货币交易等。传统的粮食银行，就是把粮食这一特殊商品与现代银行的经营管理方式结合起来，农民或其他粮食经营者，在拥有粮食所有权的前提下，将暂时闲置的粮食储存于粮食银行，并将这些粮食的使用权以定期或活期的形式交付给粮食银行。粮食银行通过粮食的借贷融通或直接用于粮食经营，而获得周转效益。粮食银行再将收益的一部分给予农民而作为回报，即存粮者所获得的利息收入。

另一类粮食银行的新模式创新，探索粮食的数字化和货币化过程中，粮食存入专门的粮食银行后，通过区块链技术确权上链后成为数字资产（Token），可以在链内进行存取、购买、兑换和交易，实现农产品的物权和收益权的货币化，具有革新的意义。

粮食在进行数字资产化的过程中，对应粮食的“粮票”，在不同阶段的粮食（种苗、成长、收获、入库、加工商品等）可以有不同的折率；同时，粮票的价值可以包含基本收益（粮食的基本市价）和超额分红（粮票的浮盈利息），这就形成了一个农产品数字资产的简单基础。

通过区块链技术实现的粮食银行，在村镇的每个粮食银行的终端微店，每个粮库和冷库，都是链上的分布式账本，甚至产业链内的农资农机、植保服务、加工厂、粮商、签约超市等都会加密上链。

粮食的电子交易、粮票的交易和兑换商品、粮票的购买产业链内服务如农资农机或者农村超市消费品、粮票的收益提现、赠送的电子农业保险等，都通过智能合约的粮食数字货币交易中心来实现，最终农户通过智能手机和区块链的数字账户，钱包里可以使用粮票以及实时查看使用粮票的收益，比如利息或者粮食、兑换的粮油商品等。

乡村振兴行走案例

21 资金互助合作社

产融课题组在乡村行走中了解到农民反映最多的就是资金需求，根本贷不到款；虽然农行或者农信社有助农贷款，但是条件苛刻、周期又长，需要抵押和担保，而农户往往又没有信用卡，没有信用记录，都是白户，导致只能自己筹借或者寻找民间借贷的帮助。

因此，在行走中课题组特意关注了农村金融服务的渠道，甚至还关注到不同渠道的协作，比如银行和P2P小贷公司的对接，银行的利率低时需要担保来进行风控，而小贷公司利率高用一部分来作为银行贷款的不良覆盖；而那些互联网金融进入到农村，比如翼龙贷、宜农贷等，用渠道代理+高利率来覆盖风险和推广成本，而当地的民间借贷也是相对比较高的利率。由于缺乏用户档案和数据，所以农户的信用方面是相对空白的。

要想了解农村金融，首先要了解农民的贷款需求。农民的资金需求，一般30%~40%用于农业生产资料，一部分是流动资金需求，再有就是临时性的消费或者大额耐用品消费、房屋翻新等。其中，用于农资购买的资金需求是刚需，对于从事农业生产的普通农户，如果100亩地左右（以大田种植为例），所需资金额度一般在3万~5万，用钱的周期是3、4月份春耕前开始用钱，10~11月收获销售了还钱，一次性连本带息还款。如果是经济作物，所需投入资金还会高；如果是农机具购买，农机的抵押分期或者融资租赁，相对比较成熟，会有农机企业的金融服务或者金融机构的分期付款，互联网金融如农分期等也在参与其中。

在农村金融中最大的一个问题是农村分布比较分散，农民需要上门手把手或者点对点服务，因此金融服务的成本比较高，效率比较低，类似中和农信的农村小额贷款，多年来有3000多业务员分布在200多个县，为150万农户提供小额贷款服务。而在走访中了解到，农村金融的工作量，可以结合到乡镇服务专员或村社的社长理事，结合移动设备，进行金融业务代办，通过管理费或佣金来作为整个村里的农民的代理人。

总结下来，农村金融的难点有：一是风控难且空白，二是工作量大效率低，三是网点终端少，四是银行储户/社员理财非常初级。

围绕资金需求的难题，第一个模式是有专门的农村资金互助合作社。比如在辽中县，分别建有农村资金互助合作社，只针对社员之间的资金拆借，农民社员的资金放到合作社有分红，只做3万~4万以下的小额贷款，用土地使用证作为担保，社员之间互相监督，尤其是通过熟人社员进行情况了解和风险监测。国家对资金互助合作社的相关规定是只能对内部社员，不能对外，实际上是一个农民合作社的互助基金。

走访的一些资金互助合作社，村里社员的资金池有1000万，放贷量为2000万，有效地缓解了农民的资金需求，利率是1分或1分2，相当于年利12%~15%左右，目前不良率为零。现在已经停止入股，每年两次固定时间入股，也会根据补贴情况进行降息调整。

还有一种模式，是基于信用卡模式来做个贷保。比如在通辽的农村金融试点，为农户办理信用卡，而信用卡的授信额度以土地亩数来给社员分类，银行信誉良好的进行标记，分为三类：ABC三级，每亩地按照200－300－400元授信额度；同时以土地使用权和收成优先权作为部分保障；还特别因地制宜的采纳农村的社会信用评估，这其实是利用农村熟人的社群信用和口碑评价，看看这个农户属于哪一类：A着急还钱，B提醒就还钱，C有钱不还花了？

结合信用卡模式，考虑到三农金融的风险比较高，建立了农户的黑名单机制和查询，往往还需要通过利率浮动和收益来覆盖风险不良。类似模式，在铁岭，中行信用卡部门也在与相关渠道进入合作尝试。

第三个模式是农机金融服务。抵押分期和融资租赁是农机金融的典型业务，而且农机有个最大的优势就是：农机残余价值高，不像二手车稍微一旧价格就大打折扣，而农机只要能够干活农民不管好看不好看新不新的，农机厂商或者销售市场甚至都有回购服务或者中介代售代租服务。

春节前后是农机具的购买旺季，大多数是农机具的团购和融资租赁、消费分期。一个县的农机销售，差不多要300台，总共涉及上千台销售，数千万的资金量；一般购买农机的都是大户或者潜在理事人选，这中间可以培养出未来的农场主。

产融课题组在黑龙江走访五常种植时，与黑龙江农机公司一起走访农机专业合作社，两三个自然村联合组建，农机总投资1000万，600万国家补贴，400万农民自筹（一般都是大户投资金，散户以土地入股），从深耕到滴灌、施肥、无人植保、收割、烘干、初加工等都是全程自动化，2万亩的玉米种植，只需要10多个机手的劳动力即可。

农村的金融服务不能脱离农民的需求，那么农户的农资需求、农技服务、农机具、土地托管服务和农产品收购/销售，都涉农金融机构所需要关注的金融服务。由于农村与城市的区别，在农村反而像一场推广会，活动形式如：消费品展销会，农产品大集会、农机展会、社员大会等，除了选拔社长和理事的机会之外，还可以有避暑展销会，吸引家用汽车、家电、商超等品牌参与展销会。

22 三农信托服务

在乡村行走中，产融课题组还遇到一个问题：农民如何将自己的土地资产化？只有资产化，才可以享受到银行的融资服务，才可以享受到非一次性租金的收益。而资产化，信托公司已经在土地和三农方面进行了非常好的创新尝试。

解放土地，实际上是在解放农民，解放生产力。因为农民越来越存在年轻劳动力流失农民老龄化的问题，同时土地很难成为金融资产参与到生产融资过程中。这是当前中国农村比较典型的问题。虽然现在已经在全面开始土地确权，但确权后的权属证银行还是不认，很难作为质押或者担保形成融资为生产服务；而土地流转信托，可以让农民流转土地权属证后拥有信托受益权，这个信托受益权是被银行认可的，所以一下子具备了增信机制，同时也为土地做了一定的定价，这是A类信托财产产品；而B类信托产品又可以进一步募集资产用于土地整理或者生产投资，进一步解决了土地运营过程中的资金问题；最关键的是，在土地承包剩余期限内，这个信托受益权是可以转让、赠予或者继承的，也就是老农民虽然不种地或者去世了，但是他进城工作的子女不用种地就可以享受到土地的信托受益权，这是目前农村面临的最大问题；最终，它实现的不是土地确权的三权分置（所有权、承包权、经营权），而是所有权、经营权和受益权的分离，这个受益权是农村金融的一个基础。

在整个土地流转信托的产品中，除了A类、B类、T类的产品设计，还确保了委托主体不是个人而是层层流转后的村委或镇政府/区政府，这是前置条件。服务商是指定的土地托管生产服务商，进行土地经营，还设计了风控条款和退出条款等约定，这些都跟中国农村的现状息息相关。

这也是产融课题组在思考和设计的多场景农村金融服务，针对农民的不同场景和资金需求，对应不同的金融机构比如涉农银行、民营银行、苏宁金融海尔云贷、互联网金融和信托、保险等，但对于农民而言唯一真正有的资产就是土地承包经营权，那么土地信托将这个土地基础解决了，后面的就有用来作为信用的基础了。

中信信托和中粮信托分别开始创新土地流转信托产品，取得了很好的效果。土地信托项目，以信托为桥梁，打通上下游，实现了土地流转和资产化，并与土地托管服务公司（农业公司）一起实现资产的增值和收益分配。

安徽宿州是土地流转信托产品的第一单。农民的土地经营权通过村委集体流转到镇政府的统一物权托管中心，总共5400亩的耕地，由镇政府一级与中信信托签信托财产委托协议。

中信信托以政府委托的土地承包权属证的剩余年限，设计了信托的A类产品，20年，以土地的地租和剩余年限以现金流贴现方法折算发行，享受基本收益（地租）和超额收益；信托公司对接当地的核心农企作为农业服务公司和土地种植公司，负责运营种植，并负责地租的支付。

整个信托的发行成本为6.5%～7%，费用为2%～3%，综合成本在9%～10%左右，产品结构如下：

A类产品为土地承包权属的委托人，享受基本收益和超额收益；农民享受的这个信托受益权，可以转让、继承、赠予、交易等，也可以作为银行融资的抵押，这里强调一下：此处是最有亮点的地方，这时候开始资产化了。

B 类产品为土地整理、基础建设和设备投资的融资服务，投资人享受土地融资本金和土地整理收益；面向社会投资人，为信托集合产品，100 万起，9% ~10% 年化。

T 类产品为经营性流动资金的融资服务，投资人享受约定的资金产品收益。

中信信托总结了创新过程中的难点：

1. 农企没有抵押，风险比较高，所以会要求龙头企业的实际控制人承担个人连带责任，所控企业的股权质押。

2. 中信信托的人力成本高，人手不够，操作成本比较高。

3. 产品发行的成本合理性，规模达不到就会亏本，一般 1 万亩是个合理的规模线。

4. 委托人要通过集体安排，区镇政府签署协议进行统一流转。

结合当前农村的现状，单个农户很难在农信社和邮储贷到款，而离他们最近的终端反而不再是农信社，而是村镇银行。面对这样一个很复杂的问题，信托公司非常有优势，土地权属确权后进行信托是一个最好的载体，在信托的基础上嫁接更好的金融产品。

总结下来看，如果能够把土地和委托经营这些事情，嵌入到一个完整的产业链闭环里面，建设农业产业融合示范园区，从 1 万 ~3 万亩的土地规模起，进行标准化种植，农技农化植保服务，吸引上游农资下游加工和销售企业等产业链企业参与，并建设初加工、深加工企业园区以及农产品交易中心与物流仓储，设计好结构让农业保险参与进来做保障，这样土地信托产品就非常可行，一则土地规模有保障，二则产业链闭环提供收益保障，三则推广部署成本比较低。在推广上，可以尝试建立互联网系统平台，实现县乡村的地推动态化管理，通过交易中心上规模；在模式上，可以通过信托做批发，农信社/村镇银行做零售，农业保险做保障，实现农村土地银行模式。农民可以将土地权属存到土地银行，土地银行发利息（收益）。

传统做三农金融的，都“盯着”银行风控和资方的痛点，却忽略了真正核心的是三农的产权、社会结构和新兴经营结构的问题。我们必须通过新的模式、新的技术能够解决产权和组织问题，才可能真正解决三农问题。电子商务解决渠道问题，而产权和组织问题，迟迟没有好的指导策划。如果，信托公司将土地资产化后，用区块链技术把土地收益权货币化，还可以深入参与到农业产业链中。

我们来看一看中粮信托在三农产业链中的信托产品设计。

一、肉牛1号剖析

中粮信托与肉牛养殖企业——余粮畜业合作成立“肉牛1号”，即农产品价格指数投资信托——“肉牛指数投资1号集合资金信托计划”（简称“肉牛1号”），投资者的投资回报与肉牛的市场价格直接挂钩，即投资者预期年收益在7.5%~10.5%间浮动，与农业部每周发布的全国牛肉每公斤平均价格（“肉牛价格指数”）挂钩。基于基准肉牛价格指数，是建立肉牛行业目标价格制度的探索和尝试，未来还将尝试引入消费信托或消费众筹模式来在消费者端开拓终端渠道。

肉牛1号的信托规模为2000万元人民币，信托期限为1年。投资管理人为通辽余粮畜业开发有限公司。该产品委托余粮畜业进行肉牛指数投资，余粮畜业将委托投资资金用于肉牛收购和育肥，余粮畜业无条件包销出栏肉牛，包销总价与肉牛指数回报率挂钩。这实际上形成了小的供应链闭环，因为余粮畜业年出栏肉牛数万头，有充足的养殖规模和稳定的销售渠道作支撑，并承诺包销总价，从而吸引投资者的认可。

该产品的肉牛指数回报率分为两档，A 类为信托成立日至信托成立满 6 个月之日前 5 个工作日期间的肉牛指数对应的肉牛指数回报率；B 类为信托成立满 6 个月之日至信托终止日前 5 个工作日期间的肉牛指数对应的肉牛指数回报率。

其中，因为潜在风险，该产品增加了两个信用增级措施：信托受益权质押，余粮畜业承诺无条件按照包销总价包销育肥牛，自然人为余粮畜业的包销义务提供信托受益权质押担保；个人连带责任保证，余粮畜业法定代表人为余粮畜业的包销义务承担个人连带责任保证。

产品特点：

该产品的收益类型为：浮动收益产品，其预期收益率：7.5% ~ 10.5%每年（每 6 个月分配 1 次，投资人预期收益率与肉牛指数回报率挂钩，肉牛指数回报率为 8.0% ~11.0%，投资人预期收益率为对应的肉牛指数回报率减去 0.5% 的相关费用）。

点评：用核心农企作为一个主体可能不符合供应链金融的设计，尤其是涉及上市公司，进行担保或者保证就比较麻烦。比较好的做法是，成立一家供应链管理公司，作为夹层，负责采购、销售和服务，比如肉牛农牧管理公司，向余粮畜业采购肉牛、委托育肥以及统一销售出栏肉牛，投资管理人为肉牛农牧，这样的好处是除了基于余粮畜业自营的肉牛业务之外，还可以通过肉牛农牧公司延伸带动产业周边的肉牛养殖场参与到产业链来，从而扩大规模。

二、农事服务一体化信托剖析

中粮信托的农事服务一体化信托，全称为“中粮信托·吉林玉米种植供应链农事综合服务一体化集合资金信托计划”，是“土地信托”的延伸，其服务内容不仅包括产前的土地流转环节，还包括产中的粮食种植环节以及产后的粮食销售环节。为玉米种植的产前、产中、产后提供全方位的农事服务信托，把生产者纳入全产业链，为粮食种植供应链综合服务，已经是在整合农业生产全产业链。首期服务于吉林省公主岭市多家合作社，涉及土地面积7000余亩，提供贷款570万元，后续还将在吉林省其他玉米主产区复制推广。

在整个全产业链中，中粮信托请农业龙头企业为其专设农事服务公司，请政府全资控股的物权公司首次将土地收益保证贷款的担保从农户扩展到合作社。

在产前的土地流转环节，物权公司协助规范合作社的土地流转，保证土地流转合法合规，维护农民利益；中粮信托为合作社提供流转资金，助力合作社适度扩大流转规模。

在产中的粮食种植环节，试点区域的玉米单产接近极限，边际收益低，必须在生产全流程的精细化管理上下功夫。农事服务公司通过为合作社提供技术指导、农资采购等服务，增加技术支持、降低农资投入，在产量稳定的前提下提升品质和收益。农事服务公司为中粮信托相关部门提供农事服务管理报告，提升农业信息化水平。

在产后的粮食销售环节，中粮信托相关部门为合作社提供订单支持，保障粮食收购，合作社集中收割后直接用于工厂当期使用，至少为合作社节省5%～10%的粮食损耗。

点评：中粮信托依托于中粮集团本身就是大田作物的产业链中的龙头企业，其相关部门本身就是粮食收购大户，是下游关键企业。从信托公司从事农业产业链金融总结来看，信托作为将土地和产业链可以资产化，从而可以进一步设计跨资产跨市场的金融产品；同时，上下游闭环的产业链可以降低信托产品的融资风险，并让信托深入到产业链的长期发展和资源积累，这也将形成懂农业懂产业链的专业团队。

从土地信托进一步延伸到农业全产业链，信托公司更加深入到产业，打造产业链的生态圈，通过上下游龙头企业或核心企业形成产业链闭环，然后进一步设计出多层次丰富的资产化产品或者金融产品，而这些产业链里面的企业都将成为信托公司的基础资产，规模越大、金融产品越大，有利于信托公司的长期发展，也有效地促进了农业全产业链的发展。

23 土地流转

在乡村市场，除了农产品的交易之外，还有一个非常关键的交易：土地交易，即土地流转。在农村体制改革中，土地确权是一个非常大的进步，在公有制不变的基础上，如何实现农村的双轨制，土地确权是迈出的很大一步，也是关键一步。但如何利用好这个双轨制，如何保障好农民的权益？这又是一个严肃的问题。

随着土地确权的大面积推广，各地纷纷出现规模化的土地承包权确权后的流转以及流转后的经营权的确权，也出现了大量的租赁土地的投机种植“团伙”和先占地的投资“企业”，农民的唯一收入就是流转的土地租金，比如一年一亩600~800元，如果是几亩地就寥寥的几千元钱，再无其他。在乡村行走中，我切身体会到这里面的问题：不能在确权后推动盲目地流转。土地确权是为了确权，赋予农民兄弟一个双轨制的所有权，但确权不是为了流转，而且如果是为了农民兄弟的利益，就不要再推动流转了，流转之后农民获得不了实际的利益。

虽然农民的数量越来越少，农二代和三代基本上都进城或者外出打工、生活，坚持在土地上耕种的已经是那些年龄相对比较大的农民了。在城镇化、人口流向城市等大环境下，农民的利益正在被逐渐消失，没有了赖以继承的百年故土，没有了赖以生存的土地，他们的身影正逐渐消失在这片黄土地上。

在公有制的基础上，原来的土地承包制正在转变为土地的三权分置，将所有权、承包权和经营权分离，农民的承包权和经营权得到确权，土地得以合规的流转，以往的租赁也能够得到土地经营权的确权保护，因此很快土地流转成为农村比较热闹的事情。一些荒置的、没有劳动力耕种的土地，或者年老体弱的家庭，或者已经前往县城小镇的，拿着一亩一年500元~600元或者600~800元的土地流转租赁费，从此告别了自己的土地。

产融课题组在乡村行走中发现：这样的告别，有着一丝无奈，也有着诸多的隐患。随着土地流转的推进，各地农村逐渐开始显现出来一些问题：

1. 很多地方的土地都是碎零拼块，在土地流转的过程中很难形成规模化，一片土地中只要有其中的一两家不愿意流转，就很难实现土地连片集约化，增加了规模化农业的难度。

2. 很多农民在村里比较弱势，只剩下年迈的父母或者留守的儿童，家里的土地被村里的村委会主任书记或者大户村霸，通过利诱或者强取，不管流转不流转，都给你统一平整了，然后租给外来的土地投机客，进行商业化经营，狠赚几年钱就走。

3. 现在的流转又开始变为类似以前的征地模式，当流转方有了利益诉求后，地方利益者或者村里的合伙人，就连哄带骗，极端的还用强取，形成土地流转。

4. 城镇化的趋势越来越明显，中国人向往于城市，即使是入城当没有归属感的农民工，也要留在城镇里，所以土地流转往往会因为这种情况而随意处置流转，却忽略了自身的正当利益。

随着农村安置工程和城镇化发展，农民的老宅没有了，农民的土地随着流转也没有了，只剩下一个地租，被货币代表着的“承包权”，农民会对乡村和土地没有了感觉，而这是中国农村社会几千年延续的基础。当农民的地租按多年前签的流转租赁合同的价格，到农产品价格和土地价格飞涨的时候，就会发现自己的利益已经被固化，而且永远是那么小，相对于土地的增值，可能近似于可忽略，那这个时候，农民基本上变成了相对的无产阶级，而不再是自给自足的小农经济。

由于环境不同、信息不透明、农民的个体议价能力比较弱等，往往土地流转不合理，导致农民的收益降低或者摊薄，从而会让农民在两三年后感觉自己贱卖了土地经营权，享受不到土地不断增值的红利，引发不稳定的因素。

实际上，已经有一些区域在试点，通过三农产业公司，在农民的土地确权后，用托管的方式来进行土地的种养殖发展和增收，或者在流转的时候以流转租金 + 部分入股的方式，然后农民再以新型职业农民的身份参与到生产。当然这些都是农民和产业公司，双方在自愿、有偿、合法的原则基础上进行市场化的选择和合作。

这需要地方政府进行有力的正面引导，但很多地方认识不够，或者管理水平不够，导致现状是只推动土地流转，实现了规模化，却忽略了资产化，不能让农民享受到更多的土地红利，埋下了很多隐患。

对于双轨制的土地承包权和经营权，一定要确保农民的资产能够保值、增值，而且农民可以通过多种形式享受到这个红利，这才是核心。如果把确权后的土地视为资产，那么最佳选择是能够实现生产效率高、收益高、持续发展。而在这个模式下，农民可以充分享受到围绕资产的多级收入，比如：土地流转的租赁费的财产性收入，职业农民的工资性收入，参与土地种植增量中的分红的经营性收入，以及围绕土地的保险补贴等转移性收入。

如果只是一次性的租赁费，而不是资产，那就不是为了农民而确权的双轨制，而变成为了各类土地经营公司而确权的双轨制，就丧失了土地确权的初心。土地流转如果处理得不好，只看短期利益的话，可能会被被过度透支，形成了新的地主和新的资本家，土地上的增值都被新的地主资本家赚去了，农民只有一个最基本的租金收益，而且随着发展，可能相对而言越来越少。

最有利于农民的模式是将土地作为一种资产，在农民自组织的新型合作社将社员的土地资产折合股份入股，或者由政府主导建立的县域或乡镇层级的土地物权托管公司，将农民的土地资产折合股份入股并拨付一部分扶贫资金作为资金入股反馈给农民或贫困户，以合作社或物权托管公司入股到农业公司或者平台公司，从而能够享受到比土地流转租金更多的收益，这或许才可以将农民的利益最大化。

另外，如果政府与信托公司联手打造土地信托服务，将农民手中的土地转化为基于土地的信托受益权，这个受益权可以抵押、可以增信、可以转让和继承，也可以入股农业公司，从而会给农民带来丰富的融资渠道或者更多的收益。

说到底，在土地流转交易上，如果从农民的利益出发，我们要提防新的地主和新的资本家把农民的利益夺走，而是要让农民能够享受到更多更大的利益。

第八章

CHAPTER EIGHT

农业农村思考与实践

农民拥有的核心资源是：土地、劳动力、种植经验，随着产业化和大数据，种植经验开始要被替代一部分，劳动力也要被机械化和自动化替代一部分，而土地随着确权可能也要被流转一部分。然而，我们一直在强调农业的闭环产业链、封闭资金链、产业数据化和支付电子化，也在讨论农业的供给侧改革、品牌品质提升和精品农业战略，可是在产业化的大转变中农民何去何从?

第一节　新农村的变迁和数字可信体系

一、新农村的变迁

产融课题组的第一个思考是新农村的变迁。

费孝通先生的《乡土中国》中讲到中国农村的本质是一个乡绅社会，围绕家族宗亲的强关系结构，近几十年来中国的农村已经发生了巨大变化，城市化发展的浪潮吸引着前赴后继的农村人口，导致农村的家族宗亲开始解构，关系开始变弱，人口流动加剧，尤其是年轻人才净流出，当前农村的现状是6亿农民、2.5亿农民工、0.45亿贫困人口。

十九大报告里强调土地承包30年不变，其战略本质是在稳定农民，但农民和农村的变迁走向什么方向呢？社会关系、生产关系以及经济架构、技术架构都发生了巨大的变化，还维持几十年前的土地家庭承包模式是不是能够适应这种变化呢？

新的组织形式。农村的家庭已经不是完整的家庭，年轻人在外面打工、妇女儿童留守农村，或者年轻人带着小家庭在城里上班而年老的父母在农村务农；除了家庭的变化外，村的行政单元也开始展现出保守落后的问题，联合安置的小城镇或者安置社区打破了原来的村落的组织形式，那么农业生产还以村（生产大队）为集体所有制的模式吗？

新的资源体系。近几十年的投资和资源，主要围绕工业经济和城市化，所以城市越来越大、越来越拥挤、越来越多的高楼大厦和空置楼房，产业化资金和银行，除了青睐于房地产，其次就是工业，扩大工业规模和降低成本。而真正的支农资金，远远低于前面的规模，基本上很难支撑农业产业化的发展。

新的职业农民地位。在当前社会，尤其是在年轻人的价值观里，“种地的”是一个带有歧视的字眼，传统户籍政策整出一个农村户口和城市户口，种地的就是农村户口，城市的人生下来就是非农，农村的人生下来就是农村户口，只有通过读书上学才能够农转非；或者是进城打工的农民工，新时代的职业农民是不是有更高的吸引力？

新的人才结构。老坐在办公室里面吹空调的专家学者们在讨论城市的老龄化，可是城市的老龄化，远不如农村的“61、38、59”的老龄化现状严重，农村里只有儿童、妇女和老年人，留守儿童的问题、孤苦老人的问题，没有人关注。农村的年轻劳力已经出走，即使投入资源资金到农村，又如何能够做好呢？农民原来赖以生存的土地收入已经不能维持生存和温饱，打工务工上班的收入才是主要来源，这让整个农村结构发生了巨大变化。如何依靠老弱病残来进行新农村的建设呢？

新的农村金融服务。农村金融有农业银行，有农村信用社，有村镇银行。但实际上，农行上市后基本上做的是城市用户的生意，有几个客户经理在天天下村下地呢？农信社和村镇银行，网点搞得富丽堂皇，然而穿着很朴素的农民都不好意思进银行的豪华大堂，而且银行针对农民的农业贷款层层手续，要抵押要担保相当于在推人出门。

新的农产品价值链。消费品的价格不断在上涨，但是农产品的价格却一直偏低。农产品价格，在从农村到城市的过程中，中间流通环节剥削了大部分利润，而农民却没有享受到。粮食价格偏低，而生产资料却猛涨，化肥、农药、柴油、农机等的价格上涨已经让农民觉得种地亏钱，导致部分土地开始荒芜。城市的食品安全不断报道，可是有多少媒体关注到农村村头的便利店、超市好多是过期的、假冒的食品？

新的农村基础配套建设。虽然修了大量的高速公路国道省道进村，可是对于一个庞大的占了三分之二领域和人口的农业农村，只修路，农村的基础建设、配套服务和社会化服务却严重缺失，智能用电刚刚开始普及，用水还是就地处理，网络宽带开始入村，文化教育等设施缺失。更严重的是信息不对称，农民普遍文化程度不高，所以互联网和电脑、移动设备等，极度落后。这又何谈农村电商和农村大数据？

二、数字可信体系

农村的“新”，来自于信任的重新建立，这也是产融课题组所希望建立的农村的数字可信体系。而这种信任，来自于消费者信任的倒逼，通过农产品的品质和新型经营体的形式，倒逼新农村成为一个数字可信体系内的一个有机环节。

在建立消费者信任的问题上，基于 RFID、二维码等技术的农产品溯源是传统的技术和思维方式，模式非常重，推广部署上也很难落地，很多农产品溯源项目最终成了一个形式主义的“鸡肋”。部分农产品溯源项目采用了区块链技术，将溯源信息加密上链，但一样存在 RFID 设备丢弃不用、二维码仿造篡改等问题。

原产地农产品的核心在于建立起消费者的信任，因此是如何建立信任的问题，而不是信息溯源或者信息上链的问题。基于实物一对一的数据溯源，没有改变原来的资产权属、利益关系和交易结构，那就很难建立新的信任体系；新的信任体系是对原产地农产品这个资产的重新认识，重新数字化和重新分配/货币化。这个体系最大的价值在于数字资产的再分配，农民在传统的农产品收益分配体系内属于信息不对称的弱势群体，大部分收益被经销商、批发商、零售商拿走了，而通过农产品的数字资产货币化形成的增量权益的再分配，可以去掉中介，精准地分配到农民手中，形成增量的数字资产权益的精准扶贫。

基于区块链的农产品数字可信体系，是用区块链的 Token 技术实现对农产品资产的认定，利用但不依赖于 RFID、视觉识别、AI 等技术，实现原产地农产品标准的数据属性和标签化，成为一个区块链上的资产；同时，资产的所有权、使用权或者收益权数字化，并能够货币化。在这个基础上，通过产业链上的节点参与，建立一个可信的共识，相当于一个可以信任的产业共同协议，用区块链上的算法代码来实现。

这时，农产品数字可信就不是一一对应实物，而是在实物映射的数字资产的基础上，通过产业认可的可信共识，用算法代码实现出来的数字可信标识。这个数字可信标识，部分源自于农产品数字资产，同时又与节点的人的信用绑定，与可信的额度和透支绑定，与反馈激励机制绑定，最终实现农产品的数字资产权益和普惠共享。

农产品数字可信体系的最大突破是不依赖于一对一实物对应，而是基于产业达成共识的算法代码，这是一个非常大的突破和创新，也是传统产业所不能很快理解的思维模式，它与原产地的地理标志品牌相结合，能有效地提升原产地农产品的价值。

第二节　农村的合约交易与电子交易中心

一、农村的合约和交易

产融课题组的第二个思考是农村的合约和交易。

在农村，处处存在着合约和选择，处处是交易和定价，农村的合约和交易将会如何变化？

出生在一个农村的家庭，这种宗族宗亲是不可选择的“亲权”合约；而婚姻，则可能是可选择、可定价的合约（彩礼、房子、车）；同样，务农和务工，也是收入或收益对比之下的合约选择。土地确权也是一种选择，农民在承包权和经营权中需要选择是享受自己经营的收益，还是将经营权流转出去。

而在农业生产中，如果没有产业体系，农民还要不断选择种植的农产品品类选择、土地投入选择、农化农机选择、托管服务选择等各种选择，包括农产品销售时的价格选择、渠道选择、是否延迟销售的选择，这些选择并不是随行就市那么简单，而是与交易的成本和收益息息相关。

同样，在农产品的流通中，农产品的交易是一种现货合约，而部分预售交易是一种期货合约，流通中的商家和采购客户也在选择。如果土地和农产品可以鉴权为数字资产，又可以在数字资产交易平台上进行智能合约的选择。

如果利用互联网平台和区块链平台可以降低交易成本到零的话，是可以实现资源的有效配置，但在农村几乎不太可能，所以就要选择成本或隐性成本低的、交易获利或者交易获利预期高的合约。

原产地原生态的“土地 + 农产品”会成为稀缺资源，如果进一步用区块链技术做农产品的认证和农民的信用，将土地和农产品数字化确权为数字资产，类似于古茶树的包树模式，会对农村的合约和交易产生什么样的变化呢？

二、农产品电子交易中心

产融课题组倡导建立新的合约交易机制，在建设中的原产地农产品电子交易中心以“农业产业基金 + 统一的电子交易中心平台 + 各原产地的农业上市公司（整合线下批发市场和当地农企）”为核心思路，借鉴菜鸟网络的轻资产模式，以平台系统数据对接各个产地重资产的批发市场，形成农产品交易（需求、交易、库存、物流、资金、金融资产等）的智能交易引擎平台。

总体的目标是在推动原产地的农产品（如以水果为主）向标准化、规模化和资产化方向发展，以各原产地农产品交易中心为切入点打造包括农资、生产、交易、加工、零售等为一体的农产品上下游产业链，做好创新的金融产品中介服务，促进各原产地的农业发展并能够整合打造本地的上市公司，吸引高端人才促进农业产业创新发展，并打造一个分布全国全品类全产地的农产品电子交易中心平台，与各个 B2B 平台、电商平台、生鲜冷链平台、采购平台或集团等建立农产品供应链通道。

电子交易中心的本质是电子化农产品交易，与完全线上的 B2B 或者 B2C 的电子商务有根本性的区别，它是将农产品交易（以线下的农产品交易尤其是采购、预售等订单交易）电子化，突出产地优势建立产地标准，整合粗放的农贸农批，实现农产品产业升级，为线上的电商平台、线下的渠道采购等提供全方位的标准化的产地产业服务。

电子交易中心的平台建设，包括农产品电子交易系统（支持撮合、现货、预售、竞拍等交易方式）、智能分拣检测系统、冷库系统、支付结算系统、金融系统和大数据系统，实现农产品的分拣检测、电子交易、冷藏仓库管理、支付结算、供应链金融、大数据采集和计算应用等功能。

作为农产品电子交易中心平台，设计上充分考虑到农户、商户、采购客户以及产地政府的价值，着重突出：交易效率、产业数据、价格指数、金融服务和配套服务。

1. 农户方面：能够保障农产品的售卖和价格，提供金融支持，提供农资农机植保服务，提高生产效率。

2. 商户方面：提供返点补贴，拓展销售和采购，提供金融服务（供应链、仓单），冷库免费储运，撮合预售大单/采购大单。

3. 采购客户方面：提供农产品分级和品质控制，确保稳定供应，提供信息数据服务，提供金融服务（采购资金的贸易金融），提供物流服务和配套服务。

4. 政府方面：实现农产品的电子交易，加强产地品牌传播，提供产业链金融支持，引导产业升级，增加税收透明度和合规性，提高生产效率、流通效率和资金效率，建立农业大数据，推动农业产业融合，实现产业精准扶贫。

作为农产品电子交易中心，交易费率将保持低收费甚至免费模式，不会是唯一盈利模式，主要的盈利模式会包括："交易通道管理费 + 采购客户品控服务费 + 数据共享 + 金融服务 + 配套服务"，其中，基于农产品交易进一步对产业链企业进行资本市场整合，实现平台农业公司IPO，这是核心的远期盈利模式。

同时，为了更好地服务各类客户，交易中心还要进行扩展建设或投资：

1. 产地品牌的2B电子商务，入驻天猫、京东、苏宁等平台，定位提供中高端水果，专为集团客户定制的2B模式，外包装或标签上是联合标识：产地供应链品牌 + B客户定制Logo。

2. 农产品品牌传播，致力于将农产品品牌IP化，通过央视、媒体新媒体和线下渠道展开全方位的推广，实现"原产地 + 农产品 + 新农人"的品牌故事打造，打造IP品牌、原产地品牌和产品品牌，建立农产品或产地的品牌热榜、媒体指数，提供农产品品牌策划和评测，策划水果节等与农产品相关的IP活动或展览。

3. 农产品新零售终端联盟，基于区块链的会员、数字资产（Token）、分布式账本、智能合约等技术建立的中高端水果终端连锁平台。

第三节　农业农村金融和金融科技

一、农村金融的空白

产融课题组的第三个思考是农村金融空白问题。

农村的农民在信用方面几乎是空白，农村的供应链也没有成熟，融资渠道比较单一，有限的扶贫贷款——民间借贷。从科技金融的角度来看，基于核心交易节点做农村信用，从农业生产和农村消费的交易环节中获取交易数据和交易关系，从而逐步建立农村金融的农民信用。但这条道路也不是那么简单。

农业产业融合的关键在于农村的交易节点，基于交易节点的数据和上下游进行信用的建立，进一步设计供应链金融或互联网金融。基于历史交易或者供应关系设计的供应链金融，一般会比较复杂和结构化，农民要针对资金交易费用的简单评估后做选择。

而尤努斯模式的农村小额贷款，依靠小额和密集的地推来覆盖，利率20%左右，国内类似的中和农信依靠庞大的地面部队，规模和利润一直是缓慢增长，成长扩张压力很大。

对比来看，农村小额贷款依靠小额和密集的地推来覆盖，农村供应链金融依靠交易节点的闭环和毛利来覆盖，这二者似乎都不是那么简单推广。农村市场是不是需要设计类似现金贷这样的简单便捷又有场景的金融产品？

农村金融解决的是一个信息不对称的问题，通过交易的云平台和数字化、区块链等技术可以实现信息透明和可视化；同时，产业链形成闭环，实现边际成本下降；互联网平台使交易成本接近于零，实现资产资源的有效配置。在这个基础上，通过产业链闭环，供应链金融见货不见钱，交易平台降低边际成本提高边际收益，支付结算采用信用支付和数字货币，将农户的碎片化需求通过互联网平台实现批量化，用收益来做风控，用数据和交易来建立信用，以产业的交易预期收益来设计利率，以互联网平台来多元化资金，使得风险主体从单一的农户升级到产业经营体，从而形成农村的金融服务体系。

二、农业金融科技

产融课题组认为面向农业的金融科技服务可以有效补充农村金融的空白，比如打造三农的科技金融中介服务平台为产地的三农提供全面的金融服务，基于产业链闭环和产业大数据，实现农产品/农户的资产数字化，围绕产业资金需求和金融机构的风控需求，设计产业金融产品和增信模型，构建风控决策引擎和智能中介引擎，实现资产与资金的智能撮合和推荐，赚取金融中介服务费。

第一步，打造产业链基础，建立初步的增信模型。基于交易中心和产业链服务，向产地区域免费提供三农的云平台包括：扶贫云、三农云、B2B、B2C、SCRM、农村社群、种植管理、植保服务等系统，实现三农的产业大数据，作为三农征信和增信的基础。

第二步，设计产业金融产品和增信模型，构建风控决策引擎和智能中介引擎，打造智能撮合的金融中介平台，提供中介平台、金融系统、三农钱包，实现农企、合作社和农户与金融机构（涉农银行、非银机构如苏宁金融 TCL 金融海尔云贷、互联网金融如道口贷宜信金融等）的差异化利率的金融场景，并辅助引入保险、期货、租赁等业务作为保障，最终实现金融服务的线上智能中介、农户的线下钱包入口、三农的支付清算平台。

产业金融产品，分为供应链金融、农机金融、B2B 金融和互联网金融，其中，供应链金融围绕上游的农资、饲料、种苗等的供应链金融贷款服务，农机金融为农机的分期或融资租赁服务，B2B 金融为农产品流通中基于订单结算或冷库仓单的流动资金贷款，以及互联网金融的农产品理财、农产品众筹等金融产品服务。

第三步，打造服务三农和扶贫的农民数字钱包，基于区块链技术提供扶贫智能手机和三农钱包，实现扶贫资金通过扶贫产业基金和数字账本、点对点等方式到达农户的生产项目、农资农机植保和生活消费等场景，实现精准的、不可篡改的数字化钱包的追溯体系。

第四步，创新绿色金融资产交易中心，基于产业大数据、金融服务平台，与信托公司、金融资产交易所等合作设计，实现土地/农产品的收益权和农产品订单、农产品仓储的权益资产包，增加信托公司、保险公司、中远期现货交易等的增信设计，基于区块链技术创新比特水果业务，实现土地、水果、牛羊肉等各种农产品在数字资产交易所的绿色资产交易。

在乡村金融科技服务布局中，涉农相关的金融牌照可能分为几类：一是电子交易中心或数字资产交易中心的备案或者政府批文；二是涉农金融服务的相关牌照比如农村互联网小贷、农商行或村镇银行等，提供农村的小额贷款服务和水果银行、粮食银行等农村金融服务；三是与农业保险相关的保险经济或保险销售等小牌照；四是涉及农村信用建立的征信和农村第三方支付的相关牌照。

第四节　产业化发展方向与农业产业基金

一、农业产业化的发展方向

产融课题组的第四个思考是农业产业化的发展方向。

农民拥有着核心资源：土地、劳动力、种植经验，随着产业化和大数据，种植经验开始要被替代一部分，劳动力也要被机械化和自动化替代一部分，而土地随着确权可能也要被流转一部分。然而，我们一直在强调农业的闭环产业链、封闭资金链、产业数据化和支付电子化，也在讨论农业的供给侧改革、品牌品质提升和精品农业战略，可是在产业化的大转变中农民何去何从？

产业化体系整合了上游农业龙头企业，中间农业全过程社会化服务，下游农产品交易和加工销售。它用产业融合经营体替代了传统的个体农户或家庭农场的模式，产业经营体开始用生产流水线的思路来优化三农产业链，用生产计划排程的思路来优化农业生产全过程，用人力外包服务的思路来管理社会化服务，用供应链管理的思路来建设三农仓储和物流配送体系，用工业经济的手法来做粗放空白的三农产业链，比如产品规划、品牌定位、营销传播、生产计划、流水线、服务排程、供应链、人力外包、产业园、金融与资本运作等，而这个时候农民或者成为产业经营体的员工（职业农民），或者成为体外游离者。

每个地区的农业产业融合经营体一定是不一样的，市场不同资源不同，这需要通过农业的大数据和市场的大数据，进行产地的农业产业规划、产地规划、产品选择等，强化和突出产地优势，去产能去库存，走高端化品牌化的方向，夯实农产品（种植），突出商品（深加工），紧抓交易（电子化），金融放大（资金资本），打造一个原产地的农业数字生态。

二、农业产业基金

乡村振兴战略和三农政策文件，以及特色小镇、田园综合体、农业产业融合示范园以及精准扶贫等各项政策和专项资金，农村农业市场非常热闹，但却没有大规模的投资。

普遍而言，机构和投资人都觉得农业不好做，投资周期长，看天吃饭，没有产业化，又是非标产品，很少有人真心愿意来投；也有一些功利的机构或个人，有一定的资源，就开始挂羊头卖狗肉，拿了涉农补贴或引导资金后投别的项目或别的用途；再有就是政府设立的农业产业基金，主要是为了政绩，成立了就放那里不投，也不专业不敢投；还有一些是政府或者涉农机构成立的产业基金，想做点实事，可是没有产业和资本的支撑，做成了名为债权实为贷款的模式；当然，也还是存在一些真正服务三农的产业基金或投资公司的，比如联想投资在农业方面的开花结果。

产融课题组认为：作为一只农业的产业基金，不能盲目地去投农业种植、养殖等项目，而是要突出**产业化**，打造一个成熟的**闭环产业链**，在此基础上引导到**金融化**、**资本化**和**资产化**。如果能够将土地和农产品的资产化做好，那么产业基金除了 IPO 资本市场退出、企业并购之外，还有资产交易的退出通道。

在基金**结构设计**上，农业产业基金有涉农的特殊性，首先发起人和 GP 管理人，要有做大做强农产业经验和决心，而不是投机心理；由于农业的基础性，因此政府的涉农资金或者专项资金需要作为农业产业基金的夹层，可以作为劣后或者风险补偿基金；而围绕涉农的银行、农业龙头企业和相关产业资金可以作为优先 LP，优先并有相对固定的收益 6% ~8% 左右；如果当前所涉及的农业产业比较成熟，还可以设计 SPV 等夹层吸引更多的产业资金进来参与。

在基金**投资方式**上，应该以股权 + 债券为主，避免贷款债权模式，因为有一些农业产业基金在投资三农产业的时候，做成了向那些经营不善，贷款比较难的农业企业投点钱，硬生生地把产业投资做成了贷款债权模式，最后钱很难收回，企业也没有脱胎换骨。

在基金**退出机制**上，农业产业基金要设计好资本市场模式，以资本市场IPO或并购等作为主要的退出机制，这就意味着要打造产业链基础。通过收购、并购等进行资源整合，一开始就设计好上市公司平台的框架，围绕产地区域有独特的农业方向，以债权、收购、控股或参股形式进行投资，尤其是对农业上市公司平台有推进的项目或公司进来。这样，产业基金就以标的企业进行整合出售给战略投资人或独立上市，土地、农产品等资产可通过金融交易平台买卖和转让。

在基金**投资范围**上，农业产业基金紧紧围绕三农产业，限定投资标的的范围主要在：农产品交易、生产与销售企业；农产品物流服务企业、仓库和交易平台；农产品加工、包装、销售和市场服务企业；高端农产品研发、生产、分销和战略合作企业；农产品国际化销售、合作企业（“一带一路”为主）；相关新技术、应用、产品延伸等企业。

从实际的农业产业链体系中，最核心是二产，主要是农产品的初加工（冷库、烘干、有机肥等），深加工以及品牌食品、农产品和衍生品等相关企业或项目，这些比较适合打造品牌、扩大规模、形成有生命力的拳头产品、容易获得金融和资本的认可；而一产的种植、养殖，还是有部分看天吃饭的风险和波动，投资比较大比较重；三产的配套服务、休闲农业等，可能会吸引流量，但是形不成特色产品和稳定现金流，很难做成上市公司框架。

苹果产区的农业产业，目前大部分都是鲜果销售或者冷库代售，苹果的二产一般是果汁或果脯的传统加工，采用的大多是落果或者残次果，对产地的价值不高；而真正能够提升产业价值的是高端的、强化产地优势的深加工，比如采用优质鲜果进行深加工的NFC鲜榨汁、有机果脆果酱、苹果酒醋、益生菌果汁、膳食纤维食品、功能性苹果饮料、苹果果胶果粉等，结合品牌打造和有机食品，可以充分提升产地产业链价值和一二三产联动。

因此，在农业产业基金中，比较关注的是上下游产业的打造，而重点的方向是：

1. 交易中心，仓库冷库，生鲜物流运输。
2. 土地平整滴灌、有机肥水肥。
3. 金融服务，农业大数据。
4. 农产品深加工（健康食品、高端酒糖等）。
5. 特色食品，中高端定位，品牌化，强化产地优势。
6. 特色水果，高品质，连锁终端，打造新的生活方式。

这些是三农产业里面的关键环节，也是农业产业基金应该集中关注的方向，用金融和资本有效地放大这些关键环节，从而进一步放大和支撑农业的一产、二产和三产的联动，真正带动农民和农业发展壮大起来。

第五节 扶贫难题与产业精准扶贫

一、扶贫难题

产融课题组的第五个思考是扶贫难题。

产融课题组在云贵川桂等地走访，都会遇到一个核心问题：精准扶贫。扶贫是帽子工程，如果 2020 年之前不能脱贫，那么当地的一把手不能升迁不能调动。鉴于之前的扶贫经常出现灰色地带，所以又要求不能直接拨钱到地方，而是要精准扶贫、资金审计、一对一结对扶贫等。

扶贫问题要确认一点，哪些人是贫困人口？这里面包括两部分，一部分是城市里面的弱势群体和低收入流动人群，一部分是农村的农民，而后者占绝大部分。所以扶贫基本上就是针对农民而言的，因此有扶贫县，而扶贫县又分国家级重点扶贫县、省级扶贫县等，级别不同政策就不同、扶贫资金就不同，所以乡村行走时会发现很多看起来很繁华的县城，却是国家级贫困县，实际情况可能是该县的边远地区的确很贫困，尤其是没有通路的山村僻壤。

说起扶贫，有精准扶贫、产业扶贫，还有大数据的精准扶贫。大数据扶贫首推贵州的扶贫大数据，将每一个贫困农户建立了大数据档案，扶贫工作都围绕扶贫大数据来展开，这个是值得称道的。产业扶贫是最近针对之前的送钱和小作坊生产提出的产业扶贫，根本原因还是扶贫已经成为一部分农民的“遮羞布”。“授人以鱼，不如授人以渔”，这是中国的古话，对于这些贫困户，不能只给培养懒惰的张口就吃的鱼，而是要培养他捕鱼打鱼或者养鱼的生产能力，这样才能够真正地持续地实现脱贫，进入小康生活。

围绕农村的精准扶贫，会涉及几个问题：

一是要分类，哪些是赤贫户需要财政救济；哪些是有一定生产能力的贫困农户利用产业扶贫上；不能什么都是财政救济和扶贫款，这样只能造就更多的懒人。

二是要加强精神扶贫，不仅仅只是关注人均收入和钱的问题，更要关注农户和家庭的精神状态和积极主动的劳动生产愿望，必须建立起他们的自立自强和合理的生产、理财等理念，所谓先进农民的生产关系和上层建筑不能建立，给了钱他也还是贫困农户的水平和觉悟。

三是要真正的产业扶贫。产业意味着就不是一个两个的个体农户，而是形成产业规模。很多帮扶人员，与结对的农户或者农户家庭，展开手工作坊式的农业养殖、手工艺加工等小生产，虽然有一定的收入，但是不稳定不持续，抵抗不了市场风险；产业扶贫，是根据当地的土地、气象、种植养殖农产品传统优势、新的市场需求等进行评估规划后的具体的农业生产，比如水果种植、畜禽养殖或者农产品加工等，由龙头企业带动贫困农户组成的扶贫合作社，形成一个有规模、有市场、有抗风险能力的产业，实现多层次的收入，股权收益如扶贫农户的土地入股、政府扶贫款入股后分配给贫困户，工资收入如扶贫农户再到产业链条中参加生产获得工资收入，而整个产业的平台公司如果未来能够有资本市场的溢价，贫困农户也可以获得分红等收入。

四是精准扶贫的大数据，不仅仅要实现贫困户的数据，还要实现当地的土壤、土地、种植、养殖、农产品特点、农产品销售市场、天气等的大数据，从而可以在此基础上进行精准评估哪些产业、农业生产适合当地的贫困户组成的合作社从事生产。

五是金融扶贫，不要期望用扶贫资金来实现脱贫或者产业升级，而是要把贫困户和龙头企业形成的产业合作组织，打造成有生产力、有市场的自我造血的经营主体，同时输血不能直接用资金来打激素，而是用来作为风险补偿基金或者产业基金，吸引各类金融机构来扶持和参与到产业生产中，只有有生命力和市场的产业生产，才可能获得金融支持，而扶贫资金作为增信和劣后，可以有效地放大和倍增金融机构的信心，这才是可以良性循环、持久发展的方向。

六是数字资产再分配，农民在传统的农产品收益分配体系内属于信息不对称的弱势群体，大部分收益被经销商、批发商、零售商拿走了，通过农产品的数字资产化形成的增量或超额权益的再分配，可以去中介、精准地分配到农民手中，形成精准扶贫的数字资产权益。

精准扶贫、产业扶贫、金融扶贫和精神扶贫，是一个持久战，不是热血沸腾地去带着帮扶对象搞个养殖项目、种植项目就可以了，无论是扶贫对象这些农户，还是帮扶人员干部和企业，都要能够有产业和金融的格局，真正能够实现农业的升级和产业扶贫。

二、产业精准扶贫

目前全国有0.45亿贫困人口，即使到2020年完成脱贫任务，精准扶贫仍非常艰巨。6亿农民、2.5亿农民工，贫困人口大部分都是农民，扶贫如果以简单粗暴地发钱、送东西、补贴的方式，只会让被扶助的贫困户更懒更穷，即使送技术、送种苗种羊等，也会受限于个体农户的生产力和抗风险能力，所以要真正实现扶贫，就要通过农业产业来扶贫，让贫困户在产业里面获得自力更生的生产能力和赚钱能力。

产融课题组倡导“产业精准扶贫”。以产业来精准扶贫，意味着要用一个有市场、有订单的闭环产业，引进上下游企业，尤其是深加工、销售和交易模块，贫困户可以有土地的租金收益和二产三产就业的工资收入，同时再通过扶贫金融和扶贫资本市场来支持放大。

产业扶贫首先要改变贫困户的个体或家庭模式，单个个体家庭是不具备抗风险能力和形成一定生产规模的，而且也很难获得金融助力；而当前的扶贫合作社、农业合作社又比较松散，不像几十年前的生产队那样紧密，不能共同承担风险和分享收益。因此产业扶贫的关键在于建立一个新型的产业融合经营体，产业融合经营体，是一个“土地资产+核心农业公司（深加工或品牌公司）+自有基地+小微农场+人单合一+人人创客+金融服务+产业基金”的模式，以贫困户的土地资产汇总为基础作为股份，引入核心农业公司（深加工或品牌公司）作为产业融合经营体的龙头企业，核心企业有自己的自有基地，与小微农场（家庭农场）形成阿米巴式的平台整合和智能配单，通过“人+单+农产品”的IP化实现农户的品牌和农产品的品控，并通过人人创客、创意农业、电子商务、品牌传播等配套产业服务实现农业产业的升级，最终实现贫困农户的脱贫和可持续发展能力。

在产业扶贫中，围绕农业产业和乡村振兴的产业扶贫基金，以核心的农业公司为发起人，政府基金作为劣后；外部基金、企业、财政扶持资金等作为 LP；引入银行和其他金融机构作为优先；如果有其他的资金机构可以设置 SPV 夹层。在投资方式上，产业扶贫基金需要坚持股权类，而不是债权类，因为很多债权类的产业基金都做成了补贴和放贷模式了。

产业融合经营体要以上市公司的架构来设计，满足资本市场的要求，突出核心农业公司的市场主导地位，农民的土地以资产受益权方式入股，农场基地或者配套产业企业以产量或交易换股权池中的股权，最终能够实现产业基金的顺利退出。当然，产业融合经营体要进行详细的原产地产业设计，包括农产品品类、核心企业、品牌、商品、有机食品、上下游加工制造企业的产业结构设计和投资引入。

产业融合经营体的结构中，贫困农户以土地受益权入股，同时财政扶贫资金也以现金入股，股份的信托受益权赠予给贫困农户。信托受益权可以设置信托条件是：按照农户的生产能力和农产品产出收入来分级，收入达到 C 级的，享受 C 级的受益权，即产业链内的购买资金(受限现金)；收入达到 B 级的，享受中等的受益权，如贷款贴息、理财贴息、农产品银行贴息、农产品仓储费补贴等；收入达到 A 级的，小康水平，享受最高的受益权，如产业基金担保、专项融资渠道、保险、税收等。产业经营体为每个成员提供专用的“智能手机 + 钱包”，通过扶贫钱包可以享受和参与到产业经营中的每个环节，可以扶助产业服务，如机械播种、测土配肥、无人机植保等，可以购买农资、购买农机和购买消费品，也可以销售农产品、申请贷款和消费分期，可以管理农业保险、扶贫理财、扶贫贷款等，成为产业融合经营体的核心入口。

产业融合经营体，突出二产的主导作用，通过深加工、高端加工和文创商品等项目，抓住产地的优势价值，创造就业机会；而加强三产，利用休闲度假、科教博览和休闲服务来引流，形成传播和品牌，创造服务业就业机会；从而让贫困农户可以参与到产业经营企业中，获得工资性收入。这样一来，贫困农户就可以获得土地租金收益、股份收益、就业工资收入和部分休闲农业度假民宿收入，形成多层次的脱贫收入体系。

产业融合经营体，为经营体内的贫困农户和家庭农场提供统一的保障。除了农村金融支持、供应链金融服务之外，还设立扶贫资金风险补偿基金，作为金融机构扶贫贷款的劣后；同时，将扶持资金不是拨付或者直接补贴到贫困农户，而是补贴到农户的农业生产中，比如为产业经营体中的贫困户的种植生产提供扶贫贷款贴息，并补贴相应的农业保险，补贴农机融资租赁的租赁费，补贴粮食银行或水果银行的利息，补贴农产品仓储费，补贴农产品烘干等初加工费，从而让自力更生参与到经营体的农业生产中的贫困户获得全面的保障。

产业融合经营体，需要打造一个全面的精准扶贫平台，其中精准扶贫平台分为四个部分：

1. 扶贫云，为每一个云贫困户建立数字档案，并实现移动采集与扶贫更新。

2. 扶贫产业云，建立农业产业大数据，提供产业的种植、农事服务、加工、交易销售等产业数据管理。

3. 扶贫资金平台，基于区块链建立可信、可监管、不可篡改的扶贫资金管理平台，扶贫资金的预算、建设项目、项目进度、支付需求、资金清算等全过程动态管理。

4. 扶贫钱包，产业融合经营体的钱包，实现精准扶贫的支付、结算、补贴和服务，并可以提供经营体内的受限资产和受限购买力以及数字资产分红。

产业融合经营体不再是传统的村、生产队、专业合作社等组织形式，而是围绕产业融合的一、二、三产的新型经营组织，也不是一个核心企业或者农场带动的模式，而是向基于去中心化的区块链基础上的新型经营组织和农业产业社区、虚拟精准扶贫产业经营体。

通过区块链可以将土地流转升级为土地数字资产，将土地收益权可以抵押、转让、交易和入股，形成以产业为主而不是某个企业或投资者为主的集约化和规模化，产业经营体在土地资产上经营的农产品又可以进一步上链为农产品数字资产，智能合约实现订单农业，这样原产地的农产品在原生态的基础上，再经产业经营体中的文创发创意商品，深加工原生态的休闲食品、功能食品，从而获得溢价后的超额权益就可以根据区块链的产业经营体和土地数字资产进行回溯分红，将土地、种植、产业经营、文创、深加工、销售市场等产业链上的参与者形成一个虚拟的产业经营体，通过货币化的激励形成一个良性循环的经济生态。